MIX
Papier aus verantwortungsvollen Quellen
Paper from responsible sources
FSC® C105338

Luzian Hell

Personenhandelsgesellschaften und latente Steuern nach BilMoG

Diplomica Verlag GmbH

Hell, Luzian: Personenhandelsgesellschaften und latente Steuern nach BilMoG.
Hamburg, Diplomica Verlag GmbH 2013

Buch-ISBN: 978-3-8428-9462-4
PDF-eBook-ISBN: 978-3-8428-4462-9
Druck/Herstellung: Diplomica® Verlag GmbH, Hamburg, 2013

Bibliografische Information der Deutschen Nationalbibliothek:
Die Deutsche Nationalbibliothek verzeichnet diese Publikation in der Deutschen Nationalbibliografie; detaillierte bibliografische Daten sind im Internet über http://dnb.d-nb.de abrufbar.

Das Werk einschließlich aller seiner Teile ist urheberrechtlich geschützt. Jede Verwertung außerhalb der Grenzen des Urheberrechtsgesetzes ist ohne Zustimmung des Verlages unzulässig und strafbar. Dies gilt insbesondere für Vervielfältigungen, Übersetzungen, Mikroverfilmungen und die Einspeicherung und Bearbeitung in elektronischen Systemen.

Die Wiedergabe von Gebrauchsnamen, Handelsnamen, Warenbezeichnungen usw. in diesem Werk berechtigt auch ohne besondere Kennzeichnung nicht zu der Annahme, dass solche Namen im Sinne der Warenzeichen- und Markenschutz-Gesetzgebung als frei zu betrachten wären und daher von jedermann benutzt werden dürften.

Die Informationen in diesem Werk wurden mit Sorgfalt erarbeitet. Dennoch können Fehler nicht vollständig ausgeschlossen werden und die Diplomica Verlag GmbH, die Autoren oder Übersetzer übernehmen keine juristische Verantwortung oder irgendeine Haftung für evtl. verbliebene fehlerhafte Angaben und deren Folgen.

Alle Rechte vorbehalten

© Diplomica Verlag GmbH
Hermannstal 119k, 22119 Hamburg
http://www.diplomica-verlag.de, Hamburg 2013
Printed in Germany

Inhaltsverzeichnis

Inhaltsverzeichnis	I
Abkürzungsverzeichnis	III
Darstellungsverzeichnisse	VI
Abbildungsverzeichnis	VI
Tabellenverzeichnis	VI
1. Einleitung und Problemstellung	**1**
2. Grundlagen und Veränderungen der latenten Steuerabgrenzung	**2**
2.1. Grundsatz der Maßgeblichkeit	2
2.2. Konzeptionswechsel durch Neufassung des § 274 HGB	4
2.3. Latente Steuern	7
2.3.1. Aktive latente Steuern	7
2.3.2. Passive latente Steuern	9
2.3.3. Ansatz und Ermittlung	10
2.3.4. Bewertung und Werthaltigkeitsprüfung	13
2.3.5. Ausweis und Anhangangaben	18
3. Personenhandelsgesellschaften	**21**
3.1. Typische Personenhandelsgesellschaften	21
3.2. Atypische Personenhandelsgesellschaften	22
3.3. Personenhandelsgesellschaften i. S. d. PublG	23
4. Latente Steuerabgrenzung bei Personenhandelsgesellschaften	**24**
4.1. Grundsatzdiskussion	24
4.2. Personenhandelsgesellschaften im Anwendungsbereich des § 274 HGB	25
4.2.1. Pflichtanwendung	25
4.2.2. Freiwillige Anwendung	26
4.3. Latente Steuern als Schuld i. S. d. § 249 HGB	30
5. Besonderheiten der latenten Steuerabgrenzung bei Personenhandelsgesellschaften	**45**
5.1. Besteuerung von Personengesellschaften	45
5.2. Abgrenzung latenter Steuern auf Ebene der Personenhandelsgesellschaft	47
5.2.1. Bestimmung des relevanten Steuersatzes	47
5.2.2. Ergänzungsbilanzen	48
5.2.3. Sonderbilanzen	50

5.3. Abgrenzung latenter Steuern auf Mitunternehmerebene	51
5.3.1. Natürliche Personen und Personenhandelsgesellschaften	51
5.3.2. Kapitalgesellschaften	53
6. Abschließende Gesamtbeurteilung	**55**
Anhang	**58**
Literaturverzeichnis	**68**
Rechtsquellenverzeichnis	**76**
Standards und IDW Stellungnahmen	**78**
Internetquellenverzeichnis	**79**

Abkürzungsverzeichnis

a. A.	andere Ansicht
a. F.	alte Fassung
Abs.	Absatz
ADS	Adler/ Düring/ Schmaltz
AO	Abgabenordnung
Aufl.	Auflage
Aufw.	Aufwand
BB	Betriebsberater (Zeitschrift)
BC	Zeitschrift für Bilanzierung, Rechnungswesen und Controlling (Zeitschrift)
BeBiKo	Beck´scher Bilanzkommentar
betriebl.	betrieblich
BFH	Bundesfinanzhof
BiM	Bilanzen im Mittelstand (Zeitschrift)
BilMoG	Bilanzrechtsmodernisierungsgesetz
BR-Drucks.	Drucksachen des Deutschen Bundesrates
bspw.	beispielsweise
BStBl.	Bundessteuerberaterblatt
BStBK	Bundessteuerberaterkammer
BT-Drucks.	Drucksachen des Deutschen Bundestages
bzw.	beziehungsweise
DB	Der Betrieb (Zeitschrift)
d. h.	das heißt
DRS	Deutscher Rechnungslegungs Standard
DStR	Deutsches Steuerrecht (Zeitschrift)
DStV	Deutscher Steuerberaterverband e.V.
DStZ	Deutsche Steuer-Zeitung (Zeitschrift)
ERS	Entwurf eines/ des Rechnungslegungsstandards
ESt	Einkommensteuer

EStG	Einkommensteuergesetz
EStR	Einkommensteuerrichtlinien
evtl.	eventuell
f.	folgende
ff.	fortfolgende
Fifo	First In – First Out Methode (Verbrauchsfolgeverfahren)
GewSt	Gewerbesteuer
GewStG	Gewerbesteuergesetz
GoB	Grundsätze ordnungsmäßiger Buchführung
GuV	Gewinn- und Verlustrechnung
HS	Halbsatz
HB	Handelsbilanz
HdR	Handbuch der Rechnungslegung
HFA	Hauptfachausschuss des IDW
HGB	Handelsgesetzbuch
h. M.	herrschende Meinung
Hrsg.	Herausgeber
IAS	International Accounting Standard
i. d. R.	in der Regel
IDW	Institut der Wirtschaftsprüfer in Deutschland e.V.
IFRS	International Financial Reporting Standard
i. H. v.	in Höhe von
i. S. d.	im Sinne des
i. V. m.	in Verbindung mit
KoR	Zeitschrift für internationale und kapitalmarktorientierte Rechnungslegung (Zeitschrift)
KSt	Körperschaftsteuer
KStG	Körperschaftsteuergesetz

Lifo	Last In – First Out Methode (Verbrauchsfolgeverfahren)
mind.	mindestens
n. F.	neue Fassung
Nr.	Nummer
NWB	Neue Wirtschafts-Briefe für Steuer- und Wirtschaftsrecht (Zeitschrift)
PublG	Publizitätsgesetz
Rn.	Randnummer
RS	Rechnungslegungsstandard
Rz.	Randziffer
S.	Seite
sog.	sogenannt
SolZ	Solidaritätszuschlag
SolZG	Solidaritätszuschlagsgesetz
StB	Steuerbilanz
Stbg	Die Steuerberatung (Zeitschrift)
StuB	NWB Unternehmensteuern und Bilanzen (Zeitschrift)
Tz.	Textziffer
u. a.	und andere
vgl.	vergleiche
WPg	Die Wirtschaftsprüfung (Zeitschrift)
z. B.	zum Beispiel

Darstellungsverzeichnisse

Abbildungsverzeichnis

Abbildung 1: Mögliche Bilanzierungsalternativen für latente Steuern 59

Abbildung 2: Beispiel für die Darstellung temporärer Differenzen auf Bilanzpostenebene in tabellarischer Form (Anhangangabe) 60

Abbildung 3: Pflichtanwendung und freiwillige Anwendung des § 274 HGB bei Personenhandelsgesellschaften (PHG).......... 62

Abbildung 4: Beispiel für die Entstehung einer positiven Ergänzungsbilanz und der daraus resultierenden aktiven latenten Steuern 63

Abbildung 5: Auswirkungen von Ergänzungsbilanzen auf latente Steuern 65

Tabellenverzeichnis

Tabelle 1: Beispiele für den Anwendungsbereich der Abgrenzung latenter Steuern nach § 274 HGB n. F. 56

Tabelle 2: Beispiele für begründete Ausnahmefälle zur Abweichung vom Stetigkeitsgebot 61

1. Einleitung und Problemstellung

Durch die Einführung des Gesetzes zur Modernisierung des Bilanzrechts (Bilanzrechtsmodernisierungsgesetz/ BilMoG) im Mai 2009 wurde das deutsche Bilanzrecht nach mehr als 20 Jahren grundlegend reformiert.

Mit diesem Gesetz sollte vor allem eine maßvolle Annäherung wesentlicher Bilanzierungs- und Bewertungsvorschriften an internationale Rechnungslegungsgrundsätze, unter gleichzeitiger Beibehaltung des bewährten HGB-Bilanzrechts als eigenständiges und vollwertiges Regelwerk, vorgenommen werden.[1] Zielsetzung nach dem Gesetzentwurf der Bundesregierung war die Schaffung einer modernen Bilanzierungsgrundlage für deutsche Unternehmen.[2] Gerade für kleine und mittelständische Unternehmen soll das erneuerte Bilanzrecht eine kostengünstigere und einfachere Alternative im Verhältnis zu den internationalen Rechnungslegungsstandards, allen voran den International Financial Reporting Standards (IFRS), darstellen.[3]

In diesem Zusammenhang wurden bestehende Ansatz-, Ausweis- und Bewertungswahlrechte aufgegeben, Deregulierungen vorgenommen sowie die Schwellenwerte für die Einordnung von Kapitalgesellschaften in bestimmte Größenklassen angehoben, um einer größeren Anzahl von Kapitalgesellschaften und diesen gleichgestellten Personenhandelsgesellschaften die Möglichkeit zu geben größenabhängige Erleichterungen bei den Rechnungslegungsvorschriften in Anspruch zu nehmen.[4] Zudem wurde neben den klassischen Aufgaben des handelsrechtlichen Jahresabschlusses die Informationsfunktion durch das BilMoG gestärkt, wobei dies im Hinblick auf die Kosten-Nutzen-Relation der handelsrechtlichen Rechnungslegung in einem vertretbaren und realistischen Umfang erfolgt ist.[5]

Im Zuge dieses Gesetzgebungsverfahrens wurde unter anderem die Bilanzierung latenter Steuern gem. § 274 HGB grundlegend neu

---

[1] Vgl. BT-Drucks. 16/10067, S. 1 u. 34.
[2] Vgl. ebenda, S. 1.
[3] Vgl. ebenda, S. 1 u. 34.
[4] Vgl. ebenda, S. 1.
[5] Vgl. ebenda, S. 34.

geregelt und die umgekehrte Maßgeblichkeit abgeschafft. Durch die Neufassung der Regelungen zur latenten Steuerabgrenzung hielt das international gängige Temporary-Konzept Einzug in das deutsche Handelsrecht.[6] Aufgrund dieser Änderungen werden die Abweichungen zwischen den Wertansätzen in der Handels- und der Steuerbilanz zunehmen und der Ansatz latenter Steuern erheblich an Bedeutung gewinnen.[7]

Im Rahmen dieser Studie soll untersucht werden, ob und welche Personenhandelsgesellschaften zur Bilanzierung latenter Steuern nach § 274 HGB n. F. verpflichtet sind. Ebenso wird thematisiert welche besonderen Herausforderungen bei dieser Gesellschaftsform bei der Abgrenzung latenter Steuern gem. § 274 HGB n. F. zu bewältigen sind. Des Weiteren wird unter Bezugnahme auf den IDW ERS HFA 7 n. F. und den im März 2012 veröffentlichten IDW RS HFA 7 geprüft, inwiefern der Ansatz einer Verbindlichkeitsrückstellung gem. § 249 Abs. 1 S. 1 HGB für passive latente Steuern bei Personenhandelsgesell-schaften, außerhalb des Anwendungs-bereichs des § 274 HGB n. F., in Frage kommt.

2. Grundlagen und Veränderungen der latenten Steuerabgrenzung

2.1. Grundsatz der Maßgeblichkeit

Grundsätzlich sind durch das in § 5 Abs. 1 S. 1 EStG geregelte Prinzip der materiellen Maßgeblichkeit die handelsrechtlichen Grundsätze ordnungsmäßiger Buchführung[8] bei der Aufstellung der Steuerbilanz zu berücksichtigen, sofern der Steuerpflichtige aufgrund von gesetzlichen Regelungen zur Gewinnermittlung durch Betriebsvermögensvergleich gem. § 5 EStG verpflichtet ist oder diese freiwillig anwendet.[9] Infolge dessen sind die handelsrechtlichen Bilanzierungs- und Bewertungs-prinzipien generell maßgeblich für die Wertansätze des Betriebs-vermögens in der Steuerbilanz, außer eine steuerliche Vorschrift

---

[6] Vgl. Hoppen/ Husemann/ Schmidt, Das neue HGB-Bilanzrecht, S. 93; Kühne/ Melcher/ Wesemann, WPg 2009, S. 1007.
[7] Vgl. Kozikowski/ Fischer, BeBiKo, § 274 HGB, Rz. 1; Vinken/ Seewald/ Korth/ Dehler, BilMoG, S. 257, Rz. 764.
[8] Im Folgenden GoB.
[9] Vgl. Horschitz/ Groß/ Frank, Buchführung, S. 63.

schreibt eine andere Bilanzierung vor oder gewährt dies mittels eines steuerlichen Wahlrechts.[10]

Mit der Neufassung des § 5 Abs. 1 EStG hält der Gesetzgeber auch weiterhin an der materiellen Maßgeblichkeit fest, jedoch fügt er mit dem 2. Halbsatz einen steuerrechtlichen Wahlrechtsvorbehalt ein, der es dem Steuerpflichtigen ermöglicht steuerrechtliche GoB-inkonforme sowie GoB-konforme Wahlrechte außerhalb der Handelsbilanz bei der steuerlichen Gewinnermittlung in Anspruch zu nehmen bzw. unabhängig von der handelsrechtlichen Bilanzierung auszuüben.[11] Allerdings sind die steuerlichen Wahlrechtsausübungen, die zu unterschiedlichen Wertansätzen der Vermögensgegenstände bzw. Wirtschaftsgüter in der Handels- und Steuerbilanz führen, an bestimmte Dokumentationspflichten geknüpft, die in § 5 Abs. 1 S. 3 und 4 EStG aufgeführt sind.[12]

Vor Verabschiedung des BilMoG war es mit Hilfe der in § 5 Abs. 1 S. 2 EStG a. F. normierten umgekehrten Maßgeblichkeit und bestimmter handelsrechtlicher Öffnungsklauseln möglich GoB-inkonforme steuerliche Wahlrechte in Übereinstimmung mit der Handhabung im handelsrechtlichen Jahresabschluss auszuüben.[13] Demzufolge wurde die Handelsbilanz durch den Eingang steuerlicher Wahlrechte, die nicht mit den GoB übereinstimmten, über entsprechende Öffnungsklauseln beeinflusst, was häufig als eine Deformation der Handelsbilanz kritisiert wurde.[14]

Diesem Umstand hat der Gesetzgeber durch Neufassung des § 5 Abs. 1 EStG und der damit einhergehenden Abschaffung der umgekehrten Maßgeblichkeit Rechnung getragen. Durch den Wahlrechtsvorbehalt können steuerliche Wahlrechte autonom ausgeübt werden, die lediglich in der Steuerbilanz zur Geltung kommen und keine

---

[10] Vgl. § 5 Abs. 1 S. 1 HS 2 EStG; Horschitz/ Groß/ Frank, Buchführung, S. 140.
[11] Vgl. Theile/ Hartmann, DStR 2008, S. 2034; Herzig/ Briesemeister, DB 2009, S. 926, 930; Arbeitskreis Bilanzrecht der Hochschullehrer Rechtswissenschaft, DB 2009, S. 2571.
[12] Vgl. BMF-Schreiben vom 12.03.2010, S. 1.
[13] Vgl. Schenke/ Risse, DB 2009, S. 1957; Weber-Grellet, Bilanzsteuerrecht, S. 7, Rn. 10.
[14] Vgl. Knobbe-Keuk, Bilanz- und Unternehmenssteuerrecht, S. 31, m. w. N.; Thiel/ Lüdtk-Handjery, Bilanzrecht, Handelsbilanz, Steuerbilanz, S. 119, Rn. 324.

Auswirkung mehr auf die Handelsbilanz haben.[15] Die Informationsfunktion des handelsrechtlichen Jahresabschlusses wird dadurch gestärkt, was aber im Gegenzug eine Entkopplung der Steuer- von der Handelsbilanz zur Folge hat und dies wiederum mit der Zunahme latenter Steuern verbunden ist.[16]

2.2. Konzeptionswechsel durch Neufassung des § 274 HGB

Bis zur Reformierung des HGB-Bilanzrechts durch das BilMoG wurden latente Steuern nach dem GuV-orientierten Timing-Konzept ermittelt, das in § 274 HGB a. F. geregelt war und auf längst vergangenen internationalen Rechnungslegungsstandards beruhte.[17] Der Zweck des Timing-Konzepts ist die Abbildung eines aus handelsrechtlicher Sicht korrekten Steuerausweises in der GuV der Handelsbilanz, um eine periodengerechte Erfolgsabgrenzung zu erreichen.[18] Das handels- und steuerrechtliche Jahresergebnis wird dabei gegenübergestellt und zeitliche begrenzte Bilanzierungs- und Bewertungsdifferenzen, die zu einem Ergebnisunterschied geführt haben, werden durch eine entsprechende Korrektur des Steueraufwands berücksichtigt.[19] Allerdings werden bei der Steuerabgrenzung ausschließlich erfolgswirksam entstandene Unterschiede zwischen der Handels- und Steuerbilanz einbezogen, die sich in zukünftigen Perioden ebenfalls erfolgswirksam umkehren.[20] Des Weiteren werden nach dieser Konzeption keine permanenten und quasi-permanenten Differenzen, die beim Vergleich der Jahresergebnisse nach Handels- und Steuerrecht Unterschiede verursachen, bei der Abgrenzung latenter Steuern erfasst.[21]

Zeitlich unbegrenzte bzw. permanente Abweichungen betreffen solche Ergebnisdifferenzen, die sich in zukünftigen Perioden nicht umkehren werden und somit dauerhaft bestehen bleiben.[22] Dies ist bspw. der Fall bei steuerlich nicht abzugsfähigen Betriebsausgaben oder bestimmten

---

[15] Vgl. Petersen/ Zwirner, StuB 2009, S. 422.
[16] Vgl. BT-Drucks. 16/16007, S. 35; Prinz, DB 2010, S. 2070.
[17] Vgl. Coenenberg/ Haller/ Schultze, Jahresabschluss, S. 463.
[18] Vgl. Küting/ Seel, in: Bilanzrecht, S. 501f.
[19] Vgl. Kozikowski/ Fischer, in: BeBiKo, § 274 HGB, Rz. 7.
[20] Vgl. Coenenberg/ Haller/ Schultze, Jahresabschluss, S. 464.
[21] Vgl. Küting/ Seel, in: Bilanzrecht, S. 502.
[22] Vgl. ebenda, S. 502.

nicht steuerpflichtigen Erträgen, die zu unterschiedlichen Ergebnissen in der Handels- und Steuerbilanz führen.[23]

Quasi-permanente Differenzen hingegen sind dadurch gekennzeichnet, dass sich diese nicht selbstständig umkehren und deren Ausgleich von einer unternehmerischen Disposition oder der Auflösung des Unternehmens durch Liquidation abhängt.[24] Beispielhaft können für solche quasi-permanente Unterschiede divergente handels- und steuerrechtliche Wertansätze von nicht abnutzbaren Vermögensgegenständen genannt werden.[25]

Mit der Neuregelung der Abgrenzung latenter Steuern in § 274 HGB n. F. durch das BilMoG wurde ein Konzeptionswandel vom GuV-orientierten Timing-Konzept auf das international gängige bilanzorientierte Temporary-Konzept vorgenommen, um unter anderem den Informationsgehalt des handelsrechtlichen Abschlusses zu stärken und eine zutreffende Abbildung der Vermögenslage zu erreichen.[26] Das vorrangige Ziel des Temporary-Konzepts ist, im Gegensatz zum Ausweis eines zutreffenden Periodenergebnisses nach dem Timing-Konzept, die möglichst korrekte Darstellung der Vermögenslage der bilanzierenden Gesellschaft unter Berücksichtigung zukünftig entstehender Steuerbe- oder -entlastungen.[27]

Aufgrund dessen werden nach neuer Rechtslage sowohl erfolgswirksam als auch erfolgsneutral entstandene Bilanzierungs- und Bewertungsdifferenzen bei der Bilanzierung latenter Steuern berücksichtigt, da nur deren zukünftig ergebniswirksame Auflösung, die zu einem entsprechenden steuerlichen Effekt führt, entscheidend ist.[28] Dementsprechend werden bei der Steuerlatenzierung nach dem bilanzorientierten Temporary-Konzept auch quasi-permanente Wertunterschiede mit einbezogen, da es nicht auf den Zeitpunkt der

---

[23] Vgl. Küting/ Gattung, StuB 2005, S. 243.
[24] Vgl. Betram, in: Haufe Kommentar, § 274 HGB, Rz. 16 u. 17; Coenenberg/ Haller/ Schultze, Jahresabschluss, S. 465.
[25] Vgl. Coenenberg/ Haller/ Schultze, Jahresabschluss, S. 465.
[26] Vgl. Betram, in: Haufe Kommentar, § 274 HGB, Rz. 17; Küting/ Seel, in: Bilanzrecht, S. 502.
[27] Vgl. Baetge/ Kirsch/ Thiele, Bilanzen, S. 531.
[28] Vgl. Coenenberg/ Haller/ Schultze, Jahresabschluss, S. 469; Küting/ Seel, in: Bilanzrecht, S. 502.

Umkehrung der Ergebnisunterschiede zwischen der handels- und steuerrechtlichen Gewinnermittlung, sondern nur auf den steuerwirksamen Ausgleich ankommt.[29] Keine latenten Steuern dürfen auch nach Neufassung des § 274 HGB für solche Differenzen zwischen den Wertansätzen der Handels- und Steuerbilanz gebildet werden, die sich in folgenden Perioden nicht umkehren und demnach zukünftig zu keinen steuerlichen Konsequenzen führen.[30]

Im Unterschied zum Regierungsentwurf des Bilanzrechtsmodernisierungsgesetzes wurde, infolge der Einführung einer Gesamtdifferenzenbetrachtung, die Möglichkeit einer Verrechnung der passiven mit den aktiven latenten Steuern in den § 274 HGB mit aufgenommen und ein Ansatzwahlrecht für den Überhang aktiver Steuerlatenzen eingeführt.[31] Das Wahlrecht für oder gegen den Ansatz eines Aktivüberhangs kann allerdings nur dann ausgeübt werden, wenn die aktiven latenten Steuern die passiven latenten Steuern übersteigen. Somit müssen aktive Steuerlatenzen bis zur Höhe der passiven latenten Steuern berücksichtigt werden, unabhängig davon, ob von dem Saldierungswahlrecht Gebrauch gemacht wird oder nicht.[32] Des Weiteren erlangen auch Verlustvorträge nach § 274 Abs. 1 Satz 2 HGB Berücksichtigung bei der Bilanzierung latenter Steuern, wobei bestimmte Tatbestandvoraussetzungen bei der Bildung aktiver latenter Steuern auf Verlustvorträge erfüllt werden müssen.[33]

War die Bilanzierung latenter Steuern aufgrund von sich insgesamt regelmäßig ergebenden Aktivüberhängen verbunden mit dem Ansatzwahlrecht nach altem Recht noch von untergeordneter Bedeutung, so wird diese künftig bei Anwendung des Temporary-Konzepts sowie der mit dem BilMoG einhergehenden gravierenden Änderungen zunehmen.[34]

---

[29] Vgl. Betram, in: Haufe Kommentar, § 274 HGB, Rz. 17.
[30] Vgl. Baetge/ Kirsch/ Thiele, Bilanzen, S. 532f.
[31] Vgl. Herzig/ Vossel, BB 2009, S. 1174;
Regelungen im RegE in BT-Drucks. 16/10067, S. 67.
[32] Vgl. Kühne/ Melcher/ Wesemann, WPg 2009, DRS 18, Tz. 15;
Melcher/ Möller, KoR 2011, S. 551.
[33] Vgl. BT-Drucks. 16/10067, S. 67;
Hoffmann/ Lüdenbach, NWB Kommentar, § 274 HGB, Rz. 33.
[34] Vgl. Herzig/ Vossel, BB 2009, S. 1174; Petersen/ Zwirner, StuB 2009, S. 416.

2.3. Latente Steuern

2.3.1. Aktive latente Steuern

Nach dem Wortlaut des § 274 Abs. 1 S. 2 i. V. m. S. 1 HGB n. F. kann es zu einem Ansatz von aktiven latenten Steuern kommen, wenn die handels- und steuerrechtlichen Wertansätze von Vermögensgegenständen, Schulden und Rechnungsabgrenzungsposten so voneinander abweichen, dass sich in zukünftigen Perioden, bei der voraussichtlichen Umkehr der Differenzen, insgesamt eine Steuerentlastung ergibt. Ursachen für künftige steuerliche Entlastungswirkungen, die auf solchen unterschiedlichen Wertansätzen beruhen, sind bspw. ein Vermögensgegenstand, der in der Handelsbilanz nicht oder zu einem niedrigeren Wert als in der Steuerbilanz angesetzt wird oder eine Schuld, deren handelsrechtlicher Wertansatz über dem der Steuerbilanz liegt, oder wenn diese Schuld nicht in der Steuerbilanz angesetzt wird.[35] Auf Grund dieser Wertunterschiede besteht in Zukunft ein höheres steuerliches Aufwandspotenzial im Verhältnis zum handelsrechtlichen Aufwand.[36] Dies führt zu einer Verminderung des zu versteuernden Einkommens im Jahr des Abbaus der Differenz und hat eine Steuerentlastung zur Folge.[37] Als Beispiel dafür kann die differierende Behandlung bei Rückstellungen für drohende Verluste aus schwebenden Geschäften genannt werden. Im Gegensatz zu der handelsrechtlichen Regelung dürfen gem. § 5 Abs. 4a EStG keine Drohverlustrückstellungen in der Steuerbilanz gebildet werden, sodass beim späteren Eintritt bzw. der Realisierung der Verpflichtung lediglich bei der steuerlichen Gewinnermittlung der Aufwand abgezogen werden kann, da dieser bereits bei Bildung der Rückstellung im handelsrechtlichen Abschluss ergebnismindernd berücksichtigt worden ist.[38] Infolge dessen ist das steuerliche Ergebnis im Zeitpunkt des Abbaus der Differenz niedriger als der handelsbilanzielle Erfolg und es ergibt sich

---

[35] Vgl. Baetge/ Kirsch/ Thiele, Bilanzen, S. 533.
[36] Vgl. Küting/ Weber, Der Konzernabschluss, S. 201.
[37] Vgl. Küting/ Seel, in: Bilanzrecht, S. 505.
[38] Vgl. Küting/ Seel, in: Bilanzrecht, S. 506;
Striegel, in: Buschhüter/ Striegel, Kommentar IFRS, IAS 12, Rn. 12, S. 400.

aus Sicht der Handelsbilanz eine zu geringe steuerliche Belastung.[39] Dies wird allerdings durch die handelsbilanzielle Auflösung der aktiven latenten Steuer, die zu einem Steueraufwand führt, korrigiert und es kommt zu einer Anpassung des Steueraufwands an das Ergebnis der Handelsbilanz.[40]

Neben den oben genannten unterschiedlichen Wertansätzen von Vermögensgegenständen und Schulden, können sich zukünftige Steuerentlastungen auch aus steuerlichen Verlustvorträgen ergeben, die bei der Bildung aktiver latenter Steuern mit einzubeziehen sind.[41] Wurde die Berücksichtigung steuerlicher Verlustvorträge bei der Berechnung aktiver latenter Steuern bei vorheriger Rechtslage nach h. M. noch verneint, so kommt eine Steuerlatenzierung auf diese gem. § 274 Abs. 1 S. 4 HGB n. F. bei bestimmten Voraussetzungen in Betracht.[42] Satz 4 wurde explizit als ergänzende Regelung in das Gesetz (mit) aufgenommen, da sich die Aktivierung latenter Steuern auf Verlustvorträge weder aus dem Timing- noch aus dem neu eingeführten Temporary-Konzept ergibt.[43] „Ein Verlustvortrag [nach § 10d EStG i. V. m. § 8 Abs. 1 KStG oder § 10a GewStG] ist die Basis für eine wirtschaftlich bereits verursachte, aber erst in künftigen Perioden eintretende Steuerminderzahlung".[44] Dementsprechend kommt es zu einer Minderung der Besteuerungsgrundlage in späteren Geschäftsjahren, sofern das Unternehmen über ausreichend Gewinn verfügt. Um diesen künftigen Steuerentlastungen im handelsrechtlichen Jahresabschluss Rechnung zu tragen, sollen steuerliche Verlustvorträge gem. § 274 Abs. 1 S. 4 HGB bei der Ermittlung aktiver latenter Steuern mit einbezogen werden, soweit eine Verlustverrechnung innerhalb der nächsten fünf Geschäftsjahre wahrscheinlich ist.[45] Durch die Begrenzung der Aktivierung latenter Steuern auf Verlustvorträge auf einen Fünfjahreszeitraum im Zusammenhang mit der Ausschüttungssperre nach § 268 Abs. 8 HGB soll dem nach

---

[39] Vgl. Gräfer/ Scheld, Grundzüge der Konzernrechnungslegung, S. 313f.
[40] Vgl. Küting/ Seel, in: Bilanzrecht, S. 507.
[41] Vgl. Coenenberg/ Haller/ Schultze, Jahresabschluss, S. 486.
[42] Vgl. Adler/ Düring/ Schmalz, ADS, § 274 HGB, Rn. 28;
Kühne/ Melcher/ Wesemann, WPg 2009, S. 1008.
[43] Vgl. Hoyos/ Fischer, in: BeBiKo 2006, § 274 HGB, Rz. 19.
[44] Baetge/ Kirsch/ Thiele, Bilanzen, 10. Auflage 2009, S. 536.
[45] Vgl. Coenenberg/ Haller/ Schultz, Jahresabschluss, S. 486.

Handelsrecht allgemein gängigen Vorsichtprinzip Beachtung geschenkt werden.[46] Zusätzlich sind intensive Wahrscheinlichkeitsüberlegungen darüber anzustellen, wie generell beim Ansatz aktiver latenter Steuern, ob zukünftige steuerliche Entlastungseffekte hinreichend sicher sind.[47] Für den Fall, dass innerhalb des fünfjährigen Planungshorizonts nicht mit ausreichenden Gewinnen gerechnet werden kann, darf keine Steuerabgrenzung für aktive latente Steuern auf vorhandene Verlustvorträgen vorgenommen werden.[48]

2.3.2. Passive latente Steuern

Eine passive latente Steuerabgrenzung ist gem. § 274 Abs. 1 S. 1 HGB auf derartige Differenzen zwischen den handels- und steuerrechtlichen Wertansätzen von Vermögensgegenständen, Schulden und Rechnungsabgrenzungsposten vorzunehmen, die sich aller Voraussicht nach in folgenden Perioden umkehren und sich daraus eine Steuerbelastung ergibt. Solche temporären Differenzen, aus denen zukünftige steuerliche Belastungen resultieren, ergeben sich unter anderem wenn der handelsrechtliche Wertansatz eines Vermögensgegenstands höher als der in der Steuerbilanz ist oder der Vermögensgegenstand dort nicht angesetzt wird. Des Weiteren resultieren diese Unterschiede aus einem niedriger bewerteten Schuldposten in der Handelsbilanz im Vergleich zur Steuerbilanz oder wenn der Ansatz der Schuld im handelsrechtlichen Jahresabschluss unterbleibt.[49]

Exemplarisch für die zuerst genannten Unterschiede kann die handelsrechtliche Wahlrechtsausübung nach § 248 Abs. 2 HGB zur Aktivierung eines selbst geschaffenen immateriellen Vermögensgegenstands genannt werden. Nach § 5 Abs. 2 EStG besteht für derartige Vermögensgegenstände ein Aktivierungsverbot.[50] Durch die Ausübung des Wahlrechts werden die aus der Herstellung des immateriellen Vermögensgegenstands resultierenden Kosten nicht als Aufwand im

---

[46] Vgl. BT-Drucks. 16/12407, S. 87; Kühne/ Melcher/ Wesemann, WPg 2009, S. 1008.
[47] Vgl. BT-Drucks. 16/10067, S. 67; BR-Drucks. 344/08, S. 8.
[48] Vgl. BT-Drucks. 16/10067, S. 67; Baetge/ Kirsch/ Thiele, Bilanzen, S. 537.
[49] Vgl. Baetge/ Kirsch/ Thiele, Bilanzen, S. 533.
[50] Vgl. ebenda, S. 535.

handelsrechtlichen Jahresabschluss erfasst, sondern erfolgsneutral aktiviert.[51] Im Gegensatz dazu werden die entstandenen Kosten in der Steuerbilanz wegen des steuerlichen Aktivierungsverbots erfolgswirksam als Aufwand verbucht.[52]

Deshalb fällt das handelsbilanzielle Ergebnis im Jahr der Aktivierung des immateriellen Vermögensgegenstands höher als das Ergebnis der steuerlichen Gewinnermittlung aus und es ist eine passive latente Steuer zu bilden, die in der Handelsbilanz zu einem Steueraufwand führt.[53] Wird dieser Vermögensgegenstand in späteren Geschäftsjahren verkauft, so wird daraus ein steuerlicher Gewinn erzielt, wohingegen sich handelsbilanziell keine Ergebnisauswirkung ergibt, vorausgesetzt, dass die Veräußerung zum Buchwert erfolgt.[54] Demgemäß ist bei der Umkehrung der Wertdifferenz durch einen Verkauf das zu versteuernde Einkommen höher als das handelsrechtliche Ergebnis und der tatsächliche Steueraufwand fällt aus handelsbilanzieller Sicht zu hoch aus.[55] Durch die Auflösung der passiven latenten Steuer, die die Buchung eines Steuerertrags zur Folge hat, wird die sich auf Grundlage steuerlicher Vorschriften ergebende tatsächliche Steuerbelastung an den Erfolg der Handelsbilanz angepasst.[56] In Tabelle 1 sind neben den zwei genannten Beispielen zusätzliche Sachverhalte aufgeführt, die eine Bilanzierung von latenten Steuern zur Folge haben.

2.3.3. Ansatz und Ermittlung

Temporäre Differenzen, die auf Bilanzierungs- und Bewertungsunterschieden zwischen Handels- und Steuerbilanz basieren und durch deren Abbau in Zukunft eine Steuerwirkung eintritt, führen zur Bilanzierung latenter Steuern.[57] Durch die konzeptionelle Änderung hin zum international gebräuchlichen Temporary-Konzept, werden sowohl erfolgswirksam als auch erfolgsneutral entstandene zeitliche Differenzen sowie quasi-permanente Differenzen, die von einer

---

[51] Vgl. Küting/ Seel, in: Bilanzrecht, S. 511.
[52] Vgl. ebenda, S. 511.
[53] Vgl. ebenda, S. 511.
[54] Vgl. ebenda, S. 511f.
[55] Vgl. ebenda, S. 511.
[56] Vgl. ebenda, S. 512.
[57] Vgl. Kühne/ Melcher/ Wesemann, WPg 2009, S. 1007.

Disposition der Unternehmensleitung abhängen, in die Berechnung der latenten Steuern mit einbezogen.[58] Zeitlich unbegrenzte Abweichungen (permanente Differenzen), die sich in künftigen Geschäftsjahren nicht abbauen werden, werden auch weiterhin nicht bei der Ermittlung berücksichtigt.[59]

Generell geht der Gesetzgeber gem. § 274 Abs. 1 S. 1 und 2 HGB von der Anwendung einer Gesamtdifferenzenbetrachtung aus, da er eine Verrechnung der passiven mit den aktiven latenten Steuern unter Beachtung aktiver Steuerlatenzen auf steuerliche Verlustvorträge vorsieht.[60] Jedoch bezieht sich die Gesamtdifferenzenbetrachtung nur auf den Ansatz latenter Steuern, wohingegen die Ermittlung der aktiven und passiven latenten Steuern auf temporäre Differenzen zunächst für jeden Geschäftsvorfall einzeln vorzunehmen ist.[61] Dementsprechend sind zuerst alle aktiven und passiven latenten Steuerabgrenzungen separat zu berechnen. Anschließend werden die ermittelten aktiven und passiven latenten Steuern getrennt voneinander zusammengefasst und die Salden gegenübergestellt.[62] Ergibt sich bei der Gegenüberstellung insgesamt ein Aktivüberhang, so kann der Bilanzierende von dem Ansatzwahlrecht gem. § 274 Abs. 1 S. 2 HGB Gebrauch machen. Wird das Aktivierungswahlrecht wahrgenommen, dann ist dies aufgrund des in § 246 Abs. 3 normierten Stetigkeitsgebots auch in den folgenden Geschäftsjahren auszuüben.[63] Allerdings bezieht sich das Aktivierungswahlrecht auf einen sich insgesamt ergebenden Überhang aktiver latenter Steuern. Folglich ist eine partielle Ausübung des Wahlrechts auf einzelne Sachverhalte, die zu einer zukünftigen Steuerentlastung führen, nicht gestattet.[64] Des Weiteren resultiert daraus, dass aktive latente Steuern bis zur Höhe der passiven latenten Steuern berücksichtigt werden müssen.[65]

---

[58] Vgl. Kühne/ Melcher/ Wesemann, WPg 2009, S. 1007.
[59] Vgl. Kozikowski/ Fischer, in: BeBiKo, § 274 HGB, Rz. 13.
[60] Vgl. BT-Drucks. 16/12407, S. 87; Baetge/ Kirsch/ Thiele, Bilanzen, S. 541f.
[61] Vgl. DRS 18, Tz. 36; Melcher/ Müller, KoR 2011, S. 550f.
[62] Vgl. Beatge/ Kirsch/ Thiele, Bilanzen, S. 539 .
[63] Vgl. Kozikowski/ Fischer, in: BeBiKo, § 274 HGB, Rz. 14.
[64] Vgl. DRS 18, Tz. 15.
[65] Vgl. Herzig/ Vossel, BB 2009, S. 1177.

Im Fall der Ausübung des Wahlrechts zum Ansatz eines sich insgesamt ergebenden Aktivüberhangs unterliegt dieser Betrag der Ausschüttungssperre nach § 268 Abs. 8 S. 2 HGB, wobei passive latente Steuern, die sich bei der Aktivierung eines selbst geschaffenen immateriellen Vermögensgegenstands ergeben haben, davon abzuziehen sind, um eine Doppelerfassung zu vermeiden.[66] Durch die Sperrung des Aktivüberhangs zur Ausschüttung soll sowohl dem Vorsichtsprinzip als auch dem Gläubigerschutz Beachtung geschenkt werden, da es bei der Bilanzierung aktiver latenter Steuern zum Ausweis noch nicht realisierter Erträge kommt.[67]

Bei einem sich nach Saldierung insgesamt ergebenden Überhang an passiven latenten Steuern bzw. zukünftiger Steuerbelastungen besteht gem. § 274 Abs. 1 S. 1 HGB, im Gegensatz zum Ansatzwahlrecht bei einem Aktivüberhang, eine Passivierungspflicht.[68] Neben der grundsätzlich nach § 274 Abs. 1 S. 1 und 2 HGB vorgesehenen Verrechnung der passiven mit den aktiven latenten Steuern (Nettoausweis), eröffnet der Gesetzgeber gem. § 274 Abs. 1 S. 3 HGB die Möglichkeit einen unsaldierten Ausweis vorzunehmen (Bruttoausweis), wodurch eine verbesserte Informationsgrundlage für die Jahresabschlussadressaten geschaffen werden soll.[69] Jedoch ist auch bei einem Bruttoausweis bzw. unverrechneten Ausweis das Aktivierungswahlrecht nicht auf den Gesamtbetrag der aktiven latenten Steuern vorzunehmen, sondern lediglich auf den die passiven latenten Steuern übersteigenden Teil.[70]

Die Erreichung der ursprünglichen Ziele des Gesetzgebers, den Abschlussadressaten einen besseren Einblick in die Vermögens-, Finanz- und Ertragslage zu gewähren sowie die Informationsfunktion des handelsrechtlichen Jahresabschlusses zu stärken,[71] ist durch die Einführung der oben genannten Wahlrechte sehr fraglich. Der unterschiedliche Umgang mit dem Aktivierungs- und dem

---

[66] Vgl. BT-Drucks. 16/12407, S. 87; Küting/ Seel, in: Bilanzrecht, S. 522.
[67] Vgl. Petersen/ Zwirner, StuB 2009, S. 417; Wolz, DB 2010, S. 2628.
[68] Vgl. Melcher/ Möller, KoR 2011, S. 550f.
[69] Vgl. BT-Drucks. 16/12407, S. 87; Kozikowski/ Fischer, in: BeBiKo, § 274 HGB, Rz. 15.
[70] Vgl. Betram, in: Haufe Kommentar, 2. Auflage 2010, § 274 HGB, Rz. 45.
[71] Vgl. BT-Drucks. 16/10067, S. 67.

Saldierungswahlrecht ermöglicht den Unternehmen weitreichende Gestaltungsspielräume, sodass sich dadurch ein Vergleich der einzelnen Jahresabschlüsse verschiedener Unternehmen kompliziert gestaltet.[72]

Durch die Ausübung des Aktivierungswahlrechts kann in gewisser Weise Einfluss auf die Ertragslage genommen werden, da die Bilanzierung aktiver latenter Steuern generell die Erfassung eines latenten Steuerertrags zur Folge hat.[73] Aufgrund des Saldierungswahlrechts kann hingegen auf die Bilanzsumme eingewirkt werden. Entscheidet sich das Unternehmen aus bilanzpolitischen Gründen für einen saldierten Ausweis der latenten Steuern, kann hierdurch z.B. die Eigenkapitalquote verbessert werden, da es zu einer Verkürzung der Bilanzsumme kommt.[74]

Die verschiedenen Varianten der Bilanzierung latenter Steuern sollen unter Berücksichtigung der möglichen Inanspruchnahme der Wahlrechte durch die Abbildung 1 verdeutlicht werden. Im Sinne einer verbesserten Informationsgrundlage für die Abschlussadressaten wäre ein Bruttoausweis und der Ansatz eines Aktivüberhangs, sofern die aktiven latenten Steuern die passiven latenten Steuern übersteigen, wünschenswert.[75]

2.3.4. Bewertung und Werthaltigkeitsprüfung

Durch die konzeptionelle Umstellung vom GuV-orientierten Timing-Konzept auf das bilanzorientierte Temporary-Konzept sind latente Steuern nun ausdrücklich nach der Liability-Methode zu bewerten, da deren Zielsetzung, eine möglichst zutreffende Darstellung der Vermögensgegenstände und Schulden zu erreichen, dem Wesen des Temporary-Konzepts entspricht.[76] Aus diesem Grund sind bei der Bewertung der abzugrenzenden latenten Steuern gem. § 274 Abs. 2 S. 1 HGB grundsätzlich die unternehmensindividuellen Steuersätze zu berücksichtigen, die voraussichtlich im Zeitpunkt des Abbaus der

---

[72] Vgl. Herzig/ Vossel, BB 2009, S. 1178.
[73] Vgl. Küting/ Seel, in: Bilanzrecht, S. 519.
[74] Vgl. Herzig/ Vossel, BB 2009, S. 1177; Küting/ Seel, in: Bilanzrecht, S. 519.
[75] Vgl. Baetge/ Kirsch/ Thiele, Bilanzen, S. 542.
[76] Vgl. Coenenberg/ Haller/ Schultze, Jahresabschluss, S. 470 u. 475.

temporären Differenzen gültig sind.[77] Eine Prognose der zukünftigen Steuersätze, die bei Umkehrung der zeitlichen Unterschiede zur Anwendung kommen, gestaltet sich aber im Normalfall als schwierig, sodass die am Bilanzstichtag geltenden individuellen Steuersätze für die Bewertung herangezogen werden können.[78]

Wird allerdings vor oder am Abschlussstichtag eine Steuersatzänderung wirksam beschlossen, sind die künftigen Steuerbelastungen bzw. –entlastungen mit dem neuen Steuersatz zu bewerten, um dem Erfordernis eines zutreffenden Vermögensausweises nachzukommen.[79] Voraussetzung für einen wirksamen Beschluss ist die Verabschiedung der Änderung des Steuersatzes durch die maßgebende Körperschaft.[80] Hiervon ist in der Bundesrepublik Deutschland auszugehen, sofern der Bundesrat dem Steuergesetz seine Zustimmung erteilt hat.[81]

Kommt es zu einer Änderung des Steuertarifs vor Auflösung der in der Vergangenheit gebildeten latenten Steuern, so ist dem Rechnung zu tragen und eine Neubewertung der abgegrenzten Steuerlatenzen aus den Vorjahren vorzunehmen.[82] Die auf Basis des alten Steuersatzes bewerteten Steuerabgrenzungen sind in diesem Fall umzubewerten und an den neuen Steuertarif erfolgswirksam anzupassen.[83]

Des Weiteren ist zu jedem Abschlussstichtag zu überprüfen, ob eine Veränderung der Annahmen, Steuersätze und Wahrscheinlichkeiten, die ausschlaggebend für die Bewertung in den vorigen Perioden waren, eingetreten ist.[84] Nach § 274 Abs. 2 S. 2 HGB hat eine Auflösung der aktiven und passiven Steuerabgrenzungsposten zu erfolgen, sobald die Steuerbe- oder –entlastung eingetreten ist oder von ihrem Eintritt nicht mehr hinreichend ausgegangen werden kann. Vor allem bei aktiven latenten Steuern, insbesondere bei solchen auf steuerliche Verlustvorträge, ist deshalb eine Werthaltigkeitsprüfung durchzuführen,

---

[77] Vgl. BT-Drucks. 16/10067, S. 68; Kozikowski/ Fischer, in: BeBiKo, § 274 HGB, Rz. 60.
[78] Vgl. Betram, in: Haufe Kommentar, § 274 HGB, Rz. 99.
[79] Vgl. Betram, in: Haufe Kommentar, § 274 HGB, Rz. 99; Kozikowski/ Fischer, in: BeBiKo, § 274 HGB, Rz. 60 u. 110.
[80] Vgl. BT-Drucks. 16/10067, S. 68.
[81] Vgl. ebenda, S. 68.
[82] Vgl. Adler/ Düring/ Schmaltz, ADS, § 274 HGB, Rn. 14; Küting/ Seel, in: Bilanzrecht, S. 517.
[83] Vgl. DRS 18, Tz. 54.
[84] Vgl. Kühne/ Melcher/ Wesemann, WPg 2009, S. 1011.

um dem Vorsichtsprinzip eine angemessene Berücksichtigung zu schenken.[85] Daher ist für die Beurteilung der Werthaltigkeit aktiver Steuerabgrenzungen eine Steuerplanungsrechnung aufzustellen, in der die zukünftigen steuerlichen Ergebnisse zu prognostizieren sind.[86] In der Regel ist dabei von einem Planungshorizont von fünf Jahren auszugehen, da die Bildung aktiver latenter Steuern auf steuerliche Verlustvorträge auf diesen Zeitraum begrenzt ist.[87] Wird allerdings eine Steuerplanungsrechnung für eine kürzere Zeitspanne aufgestellt, wovon überwiegend bei kleinen und mittelgroßen Unternehmen ausgegangen werden kann, so ist zumindest für die Jahre ohne detaillierte Planung eine sachgerechte und plausible Schätzung bezüglich der Realisierbarkeit der künftigen Steuerentlastung vorzunehmen.[88] Ist auf Basis dieser Schätzung eine zukünftige Nutzung nicht mehr wahrscheinlich oder nur noch begrenzt möglich bzw. ist von einer Verlustverrechnung voraussichtlich nicht mehr auszugehen, müssen die gebildeten aktiven Steuerlatenzen ergebniswirksam aufgelöst bzw. in entsprechender Höhe angepasst werden.[89]

Die Höhe des individuellen Steuersatzes selbst, respektive die Zusammensetzung des steuersubjektbezogenen Steuersatzes, hängt von der Rechtsform des bilanzierenden Unternehmens ab.[90] Bei inländischen Kapitalgesellschaften setzt sich dieser aus der Körperschaftsteuer sowie dem darauf entfallenden Solidaritätszuschlag und der Gewerbesteuer zusammen.[91] Im Unterschied dazu ist eine Personengesellschaft nur Steuersubjekt der Gewerbesteuer,[92] da lediglich für diese Ertragsteuerart die Gesellschaft selbst Schuldnerin ist. Die Körperschaft- bzw. Einkommensteuer fällt wegen des

---

[85] Vgl. Küting/ Seel, in: Bilanzrecht, S 517.
[86] Vgl. Gelhausen/ Fey/ Kämpfer, Rechnungslegung, § 274 HGB, Rn. 10; Betram, in: Haufe Kommentar, § 274 HGB, Rz. 110.
[87] Vgl. Betram, in: Haufe Kommentar, § 274 HGB, Rz. 110.
[88] Vgl. Betram, in: Haufe Kommentar, § 274 HGB, Rz. 110; DRS 18, Tz. 19.
[89] Vgl. Küting/ Seel, in: Bilanzrecht, S. 517.
[90] Vgl. Pöller, BC 2011, S. 14.
[91] Vgl. Baetge/ Kirsch/ Thiele, Bilanzen, S. 540.
[92] Vgl. § 2 Abs. 1 GewStG i. V. m. § 15 Abs. 3 EStG.

teuerlichen Transparenzprinzips erst auf Ebene der beteiligten Gesellschafter an.[93] Hierauf wird in Kapitel 5 näher eingegangen.

Nach § 23 Abs. 1 KStG beträgt der einheitliche Körperschaftsteuersatz 15 %. Zusätzlich entfällt auf die Körperschaftsteuer ein Solidaritätszuschlag von 5,5 % gem. § 1 Abs. 1 i. V. m. § 4 S. 1 SolZG. Maßgeblich für die Berechnung der Gewerbesteuer ist die einheitliche Steuermesszahl von 3,5 % gem. § 11 Abs. 2 GewStG und der von der jeweilig hebeberechtigten Gemeinde festgesetzte Hebesatz gem. § 16 GewStG. Im Fall von mehreren Betriebsstätten in unterschiedlichen Gemeinden können die Gewerbesteuerhebesätze jeweils voneinander abweichen, was zu verschiedenen Gewerbesteuersätzen führt.[94] Jedoch ist die Anwendung eines durchschnittlichen Hebesatzes unter dem Aspekt der Wesentlichkeit und Verhältnismäßigkeit statthaft, sofern die Abweichungen zwischen den Gewerbesteuerhebesätzen unerheblich sind.[95] Üblicherweise wird derzeit von einem durchschnittlichen Hebesatz von 400 % ausgegangen.[96] Gewerbesteuerliche Hinzurechnungen und Kürzungen sind bei der Bewertung latenter Steuern in der Regel nicht zu berücksichtigen.[97]

Unter Vernachlässigung der gewerbesteuerlichen Hinzurechnungen und Kürzungen sowie der Annahme eines durchschnittlichen Gewerbesteuerhebesatzes von 400 % ergibt sich unter Einbeziehung des Körperschaftsteuersatzes von 15 % und dem darauf entfallenden Solidaritätszuschlag von 5,5 % insgesamt ein kombinierter Ertragssteuersatz von rund 30 %[98] für inländische Kapitalgesellschaften.[99] Gegebenenfalls wird eine Anpassung des kombinierten Ertragsteuersatzes von bis zu 2 % als zweckmäßig erachtet, wenn außergewöhnlich hohe oder niedrige Gewerbesteuerhebesätze vorhanden sind oder gewerbesteuerliche Hinzurechnungen bzw.

---

[93] Vgl. Fülbier/ Mages, KoR 2007, S. 70.
[94] Vgl. Betram, in: Haufe Kommentar, § 274 HGB, Rz. 101.
[95] Vgl. DRS 18, Tz. 42; Kozikowski/ Fischer, in: BeBiKo, § 274 HGB, Rz. 61.
[96] Vgl. Coenenberg/ Haller/ Schultze, Jahresabschluss, S. 484; Baetge/ Kirsch/ Thiele, Bilanzen, S. 540.
[97] Vgl. Betram, in: Haufe Kommentar, § 274 HGB, Rz. 100; Hofmann/ Lüdenbach, NWB Kommentar, § 274 HGB, Rz. 53.
[98] Kombinierter Ertragsteuersatz = 400 % x 3,5 % + 15 % (1 + 5,5 %) = 29,83 %.
[99] Vgl. Coenenberg/ Haller/ Schultze, Jahresabschluss, S. 484.

Kürzungen in beträchtlichem Maße vorliegen.[100] Bei Personenhandelsgesellschaften ist gewöhnlich, lediglich unter Beachtung der Gewerbesteuer, von einem Gesamtsteuersatz von 14 % auszugehen.[101]

Für den Fall des Bestehens eines körperschaftsteuerlichen und gewerbesteuerlichen Verlustvortrags sind diese getrennt voneinander mit dem jeweiligen Steuersatz der entsprechenden Steuerart zu bewerten, da die Höhe der Verlustvorträge aufgrund der gewerbesteuerlichen Hinzurechnungen und Kürzungen regelmäßig nicht identisch sind.[102]

In Anlehnung an die international übliche Praxis sieht der Gesetzgeber gem. § 274 Abs. 2 S. 1 HGB sowohl für aktive als auch passive latente Steuerabgrenzungsposten keine Diskontierung im handelsrechtlichen Abschluss vor.[103] Dieses Abzinsungsverbot wird laut dem Gesetzentwurf auf diese Weise begründet, dass es sich bei aktiven und passiven latenten Steuern um „Sonderposten eigener Art" handelt, die nicht der allgemeinen Rückstellungsbewertung unterliegen, sondern einen eigenen bilanziellen Charakter haben.[104] Gleichwohl ist die Unzulässigkeit der Abzinsung, wie nach internationaler Auffassung, wohl eher damit zu erklären, dass die Bestimmung des exakten Umkehrungszeitpunkts jeder einzelnen temporären Differenz höchst problematisch ist und diesbezüglich sehr aufwendige detaillierte Prognosen erforderlich wären, die nicht zumutbar sind.[105] Vor dem Hintergrund der Komplexität der Ermittlung und der Zielsetzung des BilMoG, ein im Vergleich zu den IFRS kostengünstigere und einfachere Alternative zu schaffen, wäre ein Abzinsungsgebot für latente Steueransprüche und latente Steuerschulden auch nicht vereinbar gewesen.[106]

---

[100] Vgl. Hoffmann/ Lüdenbach, NWB Kommentar, § 274 HGB, Rz. 53.
[101] Vgl. ebenda, § 274 HGB, Rz. 53.
[102] Vgl. Hoffmann/ Lüdenbach, NWB Kommentar, § 274 HGB, Rz. 56.
[103] Vgl. Betram, in: Haufe Kommentar, § 274 HGB, Rz. 103.
[104] Vgl. BT-Drucks. 16/10067, S. 68.
[105] Vgl. IAS 12.54.
[106] Vgl. BT-Drucks. 16/10067, S. 1; Loitz, DB 2008, S. 1392.

2.3.5. Ausweis und Anhangangaben

Für den Ausweis aktiver und passiver latenter Steuern wurden im Rahmen des BilMoG eigene Bilanzposten eingeführt, da diese, wie bereits oben erwähnt, als „Sonderposten eigener Art" zu klassifizieren sind und dadurch bestehende Unklarheiten im Zusammenhang mit dem Ausweis latenter Steuern entfernt werden sollen.[107] Die Kategorisierung der aktiven latenten Steuern als „Sonderposten eigener Art" ist darauf zurückzuführen, dass aktive Steuerlatenzen weder als Vermögensgegenstände und Rechnungsabgrenzungsposten noch als Bilanzierungshilfen eingestuft werden können.[108] Im Gegensatz dazu können passive latente Steuern die Merkmale von Rückstellungen gem. § 249 Abs. 1 S. 1 HGB aufweisen, wobei dies nicht auf den Posten in seiner Gesamtheit zutrifft.[109] Der Regierungsbegründung zufolge liegen vor allem bei passiven latenten Steuern aus quasi-permanenten Differenzen nicht zweifelsohne die Tatbestandvoraussetzungen des § 249 Abs. 1 S. 1 HGB für die Bildung von Rückstellungen vor, sodass es als sinnvoll angesehen wird, passive Steuerlatenzen in ihrer Gesamtheit getrennt von den Rückstellungen zu behandeln und diese unter einem separaten Posten auszuweisen.[110]

Der gesonderte Ausweis ist bei einer sich insgesamt ergebenden Steuerentlastung unter dem Posten „Aktive latente Steuern" gem. § 266 Abs. 2 D. HGB auf der Aktivseite der Bilanz vorzunehmen, sofern das Ansatzwahlrecht für den Aktivüberhang nach § 274 Abs. 1 S. 2 HGB ausgeübt wird. Bei einer sich insgesamt ergebenden Steuerbelastung hat der separate Ausweis unter dem Posten „Passive latente Steuern" gem. § 266 Abs. 3 E. HGB am Ende der Passivseite der Bilanz zu erfolgen. Für den Fall der Inanspruchnahme des Saldierungswahlrechts gem. § 274 Abs. 1 S. 3 HGB zu einem unverrechneten Ausweis sind die aktiven und passiven latenten Steuern getrennt voneinander unter ihren entsprechenden Bilanzpositionen auf der Aktiv- und Passivseite auszuweisen.[111]

---

[107] Vgl. BT-Drucks. 16/10067, S. 67.
[108] Vgl. BT-Drucks. 16/10067, S. 67.
[109] Vgl. ebenda, S. 67.
[110] Vgl. ebenda, S. 67.
[111] Vgl. Gelhausen/ Fey/ Kämpfer, Rechnungslegung, § 274 HGB, Rn. 51.

Die aus der Neubildung, Anpassung und Auflösung latenter Steuern resultierenden Aufwendungen und Erträge sind nach § 274 Abs. 2 S. 3 HGB gesondert unter dem Posten „Steuern vom Einkommen und vom Ertrag" in der GuV aufzuführen. Somit beinhaltet der separate Ausweis sämtliche Veränderungen der latenten Steuerabgrenzungen während des Geschäftsjahres.[112] Der GuV-Posten „Steuern vom Einkommen und vom Ertrag" ist nach DRS 18, Tz. 60 durch einen Unterposten, eine Vorspalte oder durch einen Davon-Vermerk zu ergänzen, um einen gesonderten Ausweis der latenten Steuern von den tatsächlichen Steuern vornehmen zu können.[113]

Im Anhang ist gem. § 285 Nr. 29 HGB darzulegen, auf welchen zeitlichen Differenzen oder steuerlichen Verlustvorträgen die latenten Steuern basieren und welche Steuersätze der Bewertung zugrunde gelegt worden sind. Laut der Begründung des Rechtsausschusses sind die Angaben im Anhang ungeachtet dessen vorzunehmen, ob es aufgrund des Aktivierungswahlrechts bei einem Überhang aktiver Steuerlatenzen überhaupt zum Ausweis latenter Steuern gekommen ist oder nicht.[114] Insbesondere wenn bei einem sich insgesamt ergebenden Aktivüberhang und der korrespondierenden Wahlrechtsausübung der Ansatz unterblieben ist, hat das bilanzierende Unternehmen zu erläutern, auf welche temporäre Differenzen oder steuerliche Verlustvorträge dies zurückzuführen ist.[115]

Allerdings herrscht in der Literatur Uneinigkeit darüber, wie detailliert die Erläuterungen hinsichtlich der latenten Steuern im Anhang vorzunehmen sind, da das Gesetz keine genauen Angaben darüber enthält.[116] Das Deutsche Rechnungslegungs Standards Commitee e. V. erachtet es in der Regel als ausreichend, wenn lediglich qualitative Aussagen zur Art der bestehenden Abweichungen oder steuerlichen

---

[112] Vgl. Petersen/ Zwirner, StuB 2009, S. 418.
[113] Vgl. Küting/ Seel, in: Bilanzrecht, S. 520.
[114] Vgl. BT-Drucks. 16/12407, S. 88.
[115] Vgl. ebenda, S. 88.
[116] Vgl. Kühne/ Melcher/ Wesemann, WPg 2009, S. 1012f.

Verlustvorträge getroffen werden.[117] Demgegenüber fordert ein Großteil der Literatur ausdrücklich quantitative Angaben und mindestens eine Darstellung der temporären Differenzen auf Bilanzpostenebene in tabellarischer Form.[118] Begründet wird dies damit, dass eine rein qualitative Berichterstattung nicht genügend Aussagekraft besitzt und den Bilanzleser nicht in angemessenem Umfang über bestehende zeitliche Differenzen und steuerliche Verlustvorträge mit Informationen versorgt.[119]

Anzumerken ist an dieser Stelle, dass die Regierungsbegründung zum BilMoG noch die Erstellung einer gesonderten Rechnung vorsah, in der eine Überleitung des ausgewiesenen Steueraufwands bzw. –ertrags auf den erwarteten Steueraufwand bzw. –ertrag erfolgen sollte, um den Abschlussadressaten ein besseres Verständnis für die in der Bilanz ausgewiesenen Posten zu vermitteln.[120] Eine Pflicht zur Anfertigung einer solchen Überleitungsrechnung kann aber nicht aus der endgültigen Gesetzesfassung des § 285 Nr. 29 HGB n. F. entnommen werden.[121] Dennoch ist dem Gedanken des Gesetzgebers, die Abschlussadressaten umfangreich über die temporären Differenzen und steuerlichen Verlustvorträge und den daraus resultierenden Steuerlatenzen zu informieren, in angemessener Weise Aufmerksamkeit zu schenken. Dementsprechend scheint es sinnvoll und sachgerecht zumindest die wesentlichen Buchwertunterschiede, auf denen die latenten Steuern beruhen, auf Ebene der Bilanzposten aufzulisten und somit auch quantitative Angaben im Anhang zu machen.[122] Solch eine Auflistung der Buchwertunterschiede in tabellarischer Form könnte wie in Abbildung 2 erfolgen.

Zu den Anhangangaben gem. § 285 Nr. 29 HGB sind ohnehin nur große Kapitalgesellschaften und denen gleichgestellte Personen-

---

[117] Vgl. DRS 18, Tz. 65; gleicher Meinung: Ernst, DB Status:Recht 2009, S. 131.
[118] Vgl. bspw. Hoffmann/ Lüdenbach, NWB Kommentar, § 285 HGB, Rz. 162ff.; Kühne/ Melcher/ Wesemann, WPg 2009, S. 1013; Petersen/ Zwirner, StuB 2009, S. 418; Wendholt/ Wesemann, DB 2009, Beil. 5, S. 68.
[119] Vgl. Hoffmann/ Lüdenbach, NWB Kommentar, § 285 HGB, Rz. 169; Kessler/ Leinen/ Paulus, KoR 2009, S. 724.
[120] Vgl. BT-Drucks. 16/10067, S. 68.
[121] Vgl. Kessler/ Leinen/ Paulus, KoR 2009, S. 724; Kühne/ Melcher/ Wesemann, WPg 2009, S. 1013; Wendholt/ Wesemann, DB 2009, Beil. 5, S. 68.
[122] Vgl. Hoffmann/ Lüdenbach, NWB Kommentar, § 285 HGB, Rz. 169; Petersen/ Zwirner, StuB 2009, S. 418.

handelsgesellschaften i. S. d. § 264a HGB verpflichtet. Durch die größenabhängigen Erleichterungen sind gem. § 288 Abs. 1 HGB kleine Kapitalgesellschaften und gem. § 288 Abs. 2 S. 2 HGB mittelgroße Kapitalgesellschaften sowie denen gleichgestellte Kap. & Co.-Gesellschaften i. S. d. § 264a HGB von den Erläuterungspflichten im Anhang befreit.

3. Personenhandelsgesellschaften

3.1. Typische Personenhandelsgesellschaften

Bei einer Personengesellschaft handelt es sich um einen privatrechtlichen, auf einem Rechtsgeschäft beruhenden, Zusammenschluss von mindestens zwei Personen zur Verwirklichung eines gemeinschaftlichen Zwecks.[123] Personenhandelsgesellschaften sind solche Personengesellschaften, „deren Zweck auf den Betrieb eines Handelsgewerbes unter gemeinschaftlicher Firma gerichtet ist"[124] und die entweder gem. § 1 HGB kraft Betätigung oder nach § 2 HGB kraft Eintragung ins Handelsregister einzutragen bzw. eingetragen sind. Typische Personenhandelsgesellschaften sind die OHG (§§ 105 ff. HGB) und die KG (§§ 161 ff. HGB). Bei einer OHG haften laut § 105 Abs. 1 HGB alle Gesellschafter gegenüber den Gläubigern der Gesellschaft persönlich und unbeschränkt, wohingegen bei einer KG gem. § 161 Abs. 1 HGB neben dem/den Vollhafter(n) bzw. persönlich haftenden Gesellschafter(n) auch mind. ein Gesellschafter mit beschränkter Haftung an der Gesellschaft beteiligt ist. Typische Personenhandelsgesellschaften zeichnen sich dadurch aus, dass wenigstens einer der persönlich haftenden Gesellschafter eine natürliche Person ist.

Im Hinblick auf die handelsrechtliche Rechnungslegung unterliegen die OHG und KG den Vorschriften der §§ 238-263 HGB, die im ersten Abschnitt des Dritten Buches des HGB normiert sind und grundsätzlich

---

[123] Vgl. § 705 BGB.
[124] § 105 Abs. 1 HGB und § 161 Abs. 1 HGB.

von allen Kaufleuten anzuwenden sind. Entsprechend dem Wortlaut des § 242 HGB sind diese dazu verpflichtet einen Jahresabschluss, bestehend aus einer Bilanz und einer Gewinn- und Verlustrechnung unter Berücksichtigung der Grundsätze ordnungsmäßiger Buchführung, nach Ablauf eines jeden Geschäftsjahres anzufertigen. Die besonderen Vorschriften der §§ 264 ff. HGB sind von ihnen grundsätzlich nicht anzuwenden.

Neben den oben genannten typischen Personenhandelsgesellschaften existieren aber auch noch Sonderformen, die aufgrund ihrer Besonderheiten weiteren Rechnungslegungsvorschriften unterliegen. Diese werden im Folgenden erläutert.

3.2. Atypische Personenhandelsgesellschaften

Sonderformen der OHG und der KG stellen die sogenannten haftungsbeschränkten Personenhandelsgesellschaften dar.[125] Diese Personenhandelsgesellschaften i. S. d. § 264a HGB unterscheiden sich von dem Grundtyp der OHG und KG hierdurch, dass keine natürliche Person sowohl unmittelbar als auch mittelbar den Gesellschaftsgläubigern als Vollhafter zur Verfügung steht.[126] Derartige Konstellationen kommen zustande, wenn ausschließlich eine oder mehrere Kapitalgesellschaften die Stellung des persönlich haftenden Gesellschafters übernehmen.[127] Exemplarisch können die GmbH & Co. KG, GmbH & Co. OHG sowie die AG & Co. KG und die AG & Co. OHG genannt werden. Die am häufigsten vorkommende Rechtsformverbindung dieser Kap. & Co.-Gesellschaften ist die GmbH & Co. KG.[128] Vor dem Hintergrund, dass durch solche Verbindungen keine natürliche Person den Gesellschaftsgläubigern unbeschränkt und persönlich haftet und den damit korrespondierenden Gläubigerschutzgesichtspunkten, werden haftungsbeschränkte Personenhandelsgesellschaften hinsichtlich der Rechnungslegungsvorschriften den Kapitalgesellschaften weitestgehend gleichgestellt.[129] Folglich haben

---

[125] Vgl. Baetge/ Kirsch/ Thiele, Bilanzen, S. 29.
[126] Vgl. Weller, in: Haufe Kommentar, § 264a HGB, Rz. 2.
[127] Vgl. ebenda, § 264a HGB, Rz. 2.
[128] Vgl. Windbichler, Gesellschaftsrecht, S. 494, Rn. 2.
[129] Vgl. Förschler/ Usinger, in: BeBiKo, § 264a HGB, Rz. 2.

diese nicht nur die allgemeinen Rechnungslegungsvorschriften der §§ 238 bis 263 HGB zu beachten, sondern darüber hinaus nach § 264a Abs. 1 HGB auch zusätzliche (strengere) Vorschriften, die im Ersten bis Fünften Unterabschnitt des Zweiten Abschnitts des HGB kodifiziert werden, anzuwenden. Unter anderem haben haftungsbeschränkte Personenhandelsgesellschaften dem Jahresabschluss einen Anhang hinzuzufügen und, sofern sie keine kleine Gesellschaft i. S. d. § 267 Abs. 1 HGB sind, einen Lagebericht aufzustellen. Erfüllen sie allerdings die Voraussetzungen des § 264b Nr. 1 bis 3 HGB und werden somit in einen Konzernabschluss mit einbezogen, so kommt es zu einer Rückausnahme und sie sind von den speziellen Vorschriften der §§ 264 ff. HGB befreit.

Da es sich bei einer Kap. & Co.-Gesellschaft weiterhin um eine Personengesellschaft handelt, können angesichts der gesellschaftsrechtlichen Struktur nicht alle Regelungen der §§ 264 ff. HGB, die von Kapitalgesellschaften zu beachten sind, in vollem Umfang von diesen angewandt werden.[130] Diesen Umstand hat der Gesetzgeber durch § 264c HGB berücksichtigt, in dem besondere Ansatz- und Ausweisvorschriften für haftungsbeschränkte Personenhandelsgesellschaften geregelt sind.[131]

3.3. Personenhandelsgesellschaften i. S. d. PublG

Insbesondere große Personenhandelsgesellschaften, die nicht in den Anwendungsbereich des § 264a HGB fallen, haben den speziellen Vorschriften des Publizitätsgesetzes Beachtung zu schenken, soweit sie jeweils mind. zwei der drei Größenmerkmale des § 1 Abs. 1 PublG an drei aufeinanderfolgenden Abschlussstichtagen überschreiten bzw. erfüllen.[132] Mithilfe des Publizitätsgesetzes trägt der Gesetzgeber der Tatsache Rechnung, dass es sich bei diesen Unternehmen um solche mit nicht geringer wirtschaftlicher Bedeutung handelt, die in ständigen Geschäftsbeziehungen zu Kunden, Lieferanten und Gläubigern stehen und demzufolge ein größeres öffentliches Interesse hervorrufen.[133]

---

[130] Vgl. BT-Drucks. 14/1806, S. 20.
[131] Vgl. Hoffmann/ Lüdenbach, NWB Kommentar, § 264c HGB, Rz. 1.
[132] Vgl. Baetge/ Kirsch/ Thiele, Bilanzen, S. 46.
[133] Vgl. ebenda, S. 46.

In Anbetracht ihrer bedeutenden Außenwirkung sind diese laut § 5 Abs. 1 PublG dazu verpflichtet, ihren Jahresabschluss nach den Regelungen der §§ 265 bis 278 HGB, außer § 276 HGB, aufzustellen. Gleichwohl haben diese Personenhandelsgesellschaften gem. § 5 Abs. 2 S. 1 PublG keinen Anhang und Lagebericht anzufertigen.

Auf Grund der Einführung des § 264a HGB werden haftungsbeschränkte Personenhandelsgesellschaften gem. § 3 Abs. 1 Nr. 1 PublG nicht mehr von dem Geltungsbereich des Publizitätsgesetztes erfasst.

4. Latente Steuerabgrenzung bei Personenhandelsgesellschaften

4.1. Grundsatzdiskussion

Die Fachverbände IDW und DStV sowie große Teile der Literatur sind unterschiedlicher Auffassung darüber, inwieweit Personenhandelsgesellschaften eine Abgrenzung latenter Steuern vorzunehmen haben oder ob diese vollständig darauf verzichten können bzw. davon befreit sind. Wie bereits in Kapitel 2 beschrieben, hat durch die konzeptionelle Neufassung des § 274 HGB hin zum Temporary-Konzept sowie infolge der Abschaffung der umgekehrten Maßgeblichkeit des § 5 Abs. 1 Satz 2 EStG a. F. die Bedeutung latenter Steuern zugenommen[134], da neben temporären Differenzen nun ebenfalls quasi-permanente Differenzen als auch steuerliche Verlustvorträge nach § 274 HGB n. F. zu berücksichtigen sind und steuerliche Wahlrechte unabhängig von der Handelsbilanz ausgeübt werden können.

Während das Institut der Wirtschaftsprüfer (IDW) ehemals in seiner Neufassung des IDW ERS HFA 7 Tz. 24 und gegenwärtig in IDW RS HFA 7 Tz. 26 eine Rückstellungsbildung für passive latente Steuern beim Vorliegen der Tatbestandvoraussetzungen des § 249 Abs. 1 S. 1 HGB bei nicht haftungsbeschränkten Personenhandelsgesellschaften und kleinen haftungsbeschränkten Personenhandelsgesellschaften vorsieht, lehnen der Deutsche Steuerberaterverband (DStV) sowie

---

[134] Vgl. Müller/ Kreipl, DB 2011, S. 1701.

einige Fachautoren eine Verbindlichkeitsrückstellung für passive Steuerlatenzen ab.[135]

Im Folgenden wird diese Thematik unter Berücksichtigung der unterschiedlich vertretenen Meinungen in der Literatur systematisch geprüft. Erörtert werden soll, ob, in welchem Umfang und aufgrund welcher gesetzlicher Normen Personenhandelsgesellschaften zur Abgrenzung latenter Steuern verpflichtet sind.

4.2. Personenhandelsgesellschaften im Anwendungsbereich des § 274 HGB

4.2.1. Pflichtanwendung

Der Anwendungsbereich des § 274 HGB erstreckt sich grundsätzlich auf Kapitalgesellschaften, da sich die speziellen Regelungen der §§ 264 ff. HGB ausdrücklich auf diese beziehen. Darüber hinaus haben haftungsbeschränkte Personenhandelsgesellschaften hinsichtlich des Wortlauts des § 264a Abs. 1 HGB gleichermaßen die besonderen Rechnungslegungsvorschriften zu beachten und sind demgemäß generell zur Anwendung der Regelungen des § 274 HGB zur Abgrenzung latenter Steuern vollumfänglich verpflichtet. Nichtsdestotrotz sind kleine Kapitalgesellschaften i. S. d. § 267 Abs. 1 HGB und diesen gleichgestellte haftungsbeschränkte Personenhandelsgesellschaften aufgrund der in § 274a Nr. 5 HGB normierten größenabhängigen Erleichterung von den Vorschriften des § 274 HGB zur Bilanzierung latenter Steuern befreit. Dementsprechend fallen prinzipiell nur große und mittelgroße Kapitalgesellschaften sowie dergleichen Personenhandelsgesellschaften i. S. d. § 264a HGB in den pflichtigen Geltungsbereich des § 274 HGB.[136]

---

[135] Vgl. DStV, Stellungnahme zum IDW ERS HFA 7 n.F. vom 18.07.2011 S. 1ff.; ebenso BStBK, Stellungnahme zum IDW ERS HFA 7 n.F. vom 30.09.2011, S. 1ff.; Eggert, Stellungnahme zum IDW ERS HFA 7 n.F.vom 12.08.2011, S. 1ff; Lüdenbach/ Freiberg, BB 2011, S. 1579ff; Vinken/ Seewald/ Korth/ Dehler, BilMoG, S. 261, Rz. 773
[136] Vgl. Referentenentwurf zum BilMoG, Erläuterung zu Nummer 26 (§ 274a HGB), S. 139.

Ferner sind auch große Personenhandelsgesellschaften, die den Rechnungslegungspflichten des Publizitätsgesetztes unterliegen, infolge des Verweises in § 5 Abs. 1 S. 2 PublG zur Anwendung des § 274 HGB verpflichtet.[137]

Im Gegensatz zur vorgesehenen Änderung des § 246 Abs. 1 S. 1 HGB im Regierungsentwurf, in dem die latenten Steuern in der Auflistung der Bestandteile des Jahresabschlusses noch ausdrücklich genannt worden waren, wurde diese Formulierung nicht in die endgültige Fassung des Paragraphen übernommen.[138] Begründet wird die Entfernung der Wörter „latente Steuern" aus der Endfassung des § 246 Abs. 1 S. 1 HGB n. F. von dem Rechtsausschuss damit, dass der persönliche Anwendungsbereich des § 274 HGB n. F. prinzipiell auf Kapitalgesellschaften begrenzt ist, sofern dem keine der oben genannten Ausnahmeregelungen entgegensteht.[139]

Zusammenfassend lässt sich also feststellen, dass wegen der Positionierung des § 274 HGB im Regelungsbereich der Spezialvorschriften für Kapitalgesellschaften, somit außerhalb der allgemeinen Rechnungslegungsvorschriften, eine Pflichtanwendung für Personenhandelsgesellschaften nicht in Betracht kommt, vorausgesetzt, dass diese nicht unter § 264a HGB fallen oder aufgrund ihrer Größe dem Publizitätsgesetz unterliegen.[140]

4.2.2. Freiwillige Anwendung

Nach alter Rechtslage wurde die freiwillige Anwendung der Vorschriften des § 274 HGB a. F. zur Bilanzierung latenter Steuern bei Personenhandelsgesellschaften als unbedenklich erachtet.[141] Abgeleitet wurde dieses Wahlrecht zur freiwilligen Anwendung daraus, dass, wenn Personenhandelsgesellschaften im Geltungsbereich des Publizitätsgesetztes über den Verweis in § 5 Abs. 1 S. 2 PublG zur Anwendung der Vorschriften des § 274 HGB sinngemäß verpflichtet werden können, im Umkehrschluss auch nicht diesem Gesetz

---

[137] Vgl. Kozikowski/ Fischer, in: BeBiKo, § 274 HGB, Rz. 85.
[138] Vgl. BT-Drucks. 16/10067, S. 6; Herzig/ Vossel, BB 2009, S. 1175.
[139] Vgl. BT-Drucks. 16/12407, S. 84.
[140] Vgl. Lüdenbach/ Freiberg, BB 2011, S. 1579.
[141] Vgl. Adler/ Düring/ Schmaltz, ADS, § 274 HGB, Rn. 7; Hoyos/ Fischer, in: BeBiKo 2006, § 274 HGB, Rz, 78.

unterliegende Personenhandelsgesellschaften analog die Regelungen des § 274 HGB freiwillig anwenden dürfen.[142] Mit der Einführung des BilMoG wurde der Wortlaut des § 5 Abs. 1 S. 2 PublG nicht geändert, demzufolge besteht nach h. M. auch weiterhin für Personenhandelsgesellschaften die Möglichkeit den § 274 HGB freiwillig anzuwenden.[143]

Allerdings ist bei einer freiwilligen Anwendung zwischen typischen Personenhandelsgesellschaften und kleinen haftungsbeschränkten Personenhandelsgesellschaften[144] zu differenzieren. Wird das Wahlrecht zur freiwilligen Anwendung des § 274 HGB von einer typischen Personenhandelsgesellschaft ausgeübt, braucht diese nicht zugleich sämtliche für Kapitalgesellschaften und haftungsbeschränkte Personenhandelsgesellschaften verbindliche Vorschriften anwenden.[145] Im Unterschied hierzu bezieht sich das Wahlrecht bei einer kleinen Personenhandelsgesellschaft i. S. d. § 264a HGB auf die Inanspruchnahme oder den Verzicht der größenabhängigen Erleichterung des § 274a Nr. 5 HGB.[146] Wird das Wahlrecht in der Weise ausgeübt, dass auf die Befreiung des § 274a Nr. 5 HGB verzichtet wird, kommt es zur freiwilligen Anwendung der Vorschriften des § 274 HGB.[147] Gleichwohl entbindet diese Behandlung eine kleine haftungsbeschränkte Personenhandelsgesellschaft durch den Verweis in § 264a Abs. 1 HGB nicht von der Anwendung der sonstigen Regelungen der §§ 264 ff. HGB. Folglich ist bei einem ausgewiesenen Aktivüberhang latenter Steuern auch weiterhin die Ausschüttungssperre gem. § 268 Abs. 8 S. 2 HGB zu berücksichtigen und die Erläuterungspflichten laut § 285 Nr. 29 HGB im Anhang vorzunehmen, wobei auf letztere Vorschrift ebenfalls aufgrund des kleinen Größenformats nach § 288 Abs. 1 HGB verzichtet werden kann.[148]

---

[142] Vgl. SABI, Stellungnahme SABI 3/1988, in: WPg 1988, S. 683.
[143] Vgl. IDW RS HFA 7, Tz. 18; Hoffmann/ Lüdenbach, NWB Kommentar, § 274 HGB, Rz. 49; Lange/ Wolz, BiM 2010, S. 76; Skoluda/ Janitschke, StuB 2011, S. 364; Wimmer/ Tomani, Betriebswirtschaftliche Blätter 2011, Nr. 12, S. 691.
[144] Große und mittelgroße Personenhandelsgesellschaften i. S. d. § 264a HGB sind ohnehin zur Bilanzierung latenter Steuern nach § 274 HGB verpflichtet.
[145] Vgl. IDW RS HFA 7, Tz. 18.
[146] Vgl. Wendholt/ Wesemann, DB 2009, S. 73.
[147] Vgl. ebenda, S. 73.
[148] Vgl. ebenda, S. 73.

Ferner ist im Hinblick auf die Wahlrechtsausübung sowohl bei typischen Personenhandelsgesellschaften als auch bei kleinen haftungsbeschränkten Personenhandelsgesellschaften der Grundsatz der Ansatzstetigkeit des § 246 Abs. 3 HGB zu berücksichtigen.[149] Danach sind grundsätzlich einmal gewählte Ansatzmethoden bei gleichartigen Sachverhalten in den Folgejahren unverändert anzuwenden, es sei denn, ein begründeter Ausnahmefall liegt vor, der die Durchbrechung des Stetigkeitsgebots gem. § 246 Abs. 3 S. 2 i. V. m. § 252 Abs. 2 HGB rechtfertigt.[150]

Nach Lüdenbach und Freiberg liegt ein begründeter Ausnahmefall bspw. dann vor, wenn eine in den Vorjahren gewinnbringende Personenhandelsgesellschaft in dem laufenden Geschäftsjahr einen unerwarteten, einmaligen Verlust erleidet, der zu einem Verlustvortrag führt.[151] Hinsichtlich der einmaligen Verlustsituation liegt ein neuer Sachverhalt vor, der es der Personenhandelsgesellschaft, die vorher nicht das Wahlrecht zur freiwilligen Anwendung des § 274 HGB in Anspruch genommen hat, ermöglicht, latente Steuern nach den Vorschriften des § 274 HGB zu bilanzieren. Gesetzt den Fall, dass im Folgejahr wieder ein positives Ergebnis erzielt wird, kann wiederum auf die Abgrenzung latenter Steuern verzichtet werden, da abermals ein neuer Sachverhalt vorliegt.[152]

In der Regel wird sich nach deren Auffassung in vielen Fällen ein Grund dafür finden lassen,[153] der eine erstmalige freiwillige Anwendung der Abgrenzung latenter Steuern rechtfertigt, zumal typische Personenhandelsgesellschaften ohnehin keine Erläuterungen für die Abweichung vom Stetigkeitsgrundsatz im Anhang nach § 284 Abs. 2 Nr. 3 HGB anzugeben haben.[154] In Tabelle 2 sind Beispiele aufgelistet, die eine Abweichung vom Stetigkeitsgrundsatz zulassen und dadurch die Ausübung des Wahlrechts zur freiwilligen Abgrenzung latenter Steuern i. S. d. § 274 HGB ermöglichen.

---

[149] Vgl. Betram, in Haufe Kommentar, § 274 HGB, Rz. 6.
[150] Vgl. Förschle/ Kroner, BeBiKo, § 246 HGB, Rz. 125.
[151] Vgl. Lüdenbach/ Freiberg, BB 2011, S. 1580.
[152] Vgl. ebenda, S. 1580.
[153] Vgl. auch Hoffmann/ Lüdenbach, NWB Kommentar, § 252, Rz. 179.
[154] Vgl. Baetge/ Kirsch/ Thiele, Bilanzen, S. 118.

Nach der in ADS vertretenen Meinung bedarf es bei einem Verzicht der Inanspruchnahme einer größenabhängigen Erleichterung, wie sie die Norm des § 274a Nr. 5 HGB für kleine haftungsbeschränkte Personenhandelsgesellschaften darstellt, ohnehin keiner Begründung.[155] Lediglich für den umgekehrten Fall, dass die latente Steuerabgrenzung freiwillig vorgenommen worden ist und zur Nichtlatenzierung aufgrund der Erleichterungsvorschrift zurückgekehrt werden soll, ist eine Begründung zu liefern.[156]

Entscheiden sich Personenhandelsgesellschaften letztendlich freiwillig für die Bilanzierung latenter Steuern, dann ist davon auszugehen, dass der Regelungsbereich des § 274 HGB in vollem Umfang anzuwenden ist und kein sogenanntes „Cherry-Picking" vorgenommen werden kann.[157] Demzufolge ist es nicht möglich lediglich auf vereinzelte Sachverhalte latente Steuern zu bilden. So ist es z.B. nicht möglich ausschließlich aktive latente Steuern aus temporären Differenzen oder nur aus steuerlichen Verlustvorträgen zu berücksichtigen und passive latente Steuern aufgrund von Buchwertunterschieden zu ignorieren.[158] Dies bedeutet aber auch, dass sowohl das Ansatzwahlrecht für einen Aktivüberhang als auch das Saldierungswahlrecht von ihnen in Anspruch genommen werden kann. Daneben haben sie gleichermaßen den Ausweis der Steuerlatenzen unter gesondertem Posten in der Bilanz und GuV zu berücksichtigen.[159]

Im Hinblick auf die Komplexität der Vorschriften des § 274 HGB n. F. sowie dem damit verbundenen erheblichen Aufwand und den entstehenden Kosten, ist jedoch fraglich, wie häufig typische Personenhandelsgesellschaften und kleine haftungsbeschränkte Personenhandelsgesellschaften das Wahlrecht zur freiwilligen, vollumfänglichen Anwendung der Regelungen zur latenten Steuerabgrenzung ausüben werden.

---

[155] Vgl. Adler/ Düring/ Schmaltz, ADS, § 265 HGB, Rn. 22; Budde/ Geißler, in: BeBiKo 1995, § 265 HGB, Rz. 3.
[156] Vgl. Adler/ Düring/ Schmaltz, ADS, § 265, Rn. 22.
[157] Vgl. Lüdenbach/ Freiberg, BB 2011, S. 1579; Theile, BBK 2008, S. 861.
[158] Vgl. Hoffmann/ Lüdenbach, NWB Kommentar, § 274 HGB, Rz. 49 und 86.
[159] Vgl. IDW RS HFA 7, Tz. 18.

4.3. Latente Steuern als Schuld i. S. d. § 249 HGB

Der Hauptfachausschuss des IDW nahm bis zur Verabschiedung des DRS 18[160] zu Einzelfragen bzgl. der Bilanzierung und Bewertung latenter Steuern in seinem Entwurf IDW ERS HFA 27 Stellung. Dieser wurde kurz nach Bekanntgabe des DRS 18 vom Hauptfachausschuss aufgehoben, da die Regelungen des Entwurfs im Großen und Ganzen in den neu verabschiedeten Rechnungslegungsstandard übernommen worden sind.[161] Der DRS 18 selbst bezieht sich grundsätzlich auf die Bilanzierung latenter Steuern im Konzernabschluss, wobei eine sinngemäße Anwendung der Regelungen für Einzelabschlüsse empfohlen wird.[162] Da der DRS 18 keine Ausführungen zur latenten Steuerabgrenzung bei Nichtkapitalgesellschaften und außerhalb des Anwendungsbereichs des § 274 HGB n. F. enthält, wurde im Wesentlichen diesbezüglich der Standard zur handelsrechtlichen Rechnungslegung bei Personengesellschaften überarbeitet und auf entsprechende Detailfragen im Entwurf einer Neufassung des IDW RS HFA 7 (IDW ERS HFA 7 n. F.)[163] eingegangen. Dieser Entwurf wurde inzwischen aufgehoben und die Neufassung des IDW RS HFA 7 mit weiteren Ausführungen zur Bilanzierung von Rückstellungen für passive latente Steuern nach § 249 HGB im Februar 2012 vom Hauptfachausschuss verabschiedet.

Das IDW vertritt in seiner Stellungnahme zur Rechnungslegung in IDW RS HFA 7 und davor in IDW ERS HFA 7 n.F. die Auffassung, dass sowohl nicht haftungsbeschränkte Personenhandelsgesellschaften als auch kleine Personenhandelsgesellschaften i. S. d. § 264a Abs. 1 HGB, die von der freiwilligen Anwendung des § 274 HGB absehen, dessen ungeachtet bei bestimmten latenten Steuern einer Passivierungspflicht nach § 249 Abs. 1 S. 1 HGB unterliegen.[164] Entsprechendes würde auch für Einzelunternehmen und von § 274 HGB befreite kleine Kapitalgesellschaften gelten, da § 249 HGB eine allgemeine

---

[160] Der DRS 18 wurde am 03.09.2010 im Bundesanzeiger bekannt gegeben.
[161] Vgl. Sitzungsbericht des IDW, Aufhebung des IDW ERS HFA 27.
[162] Vgl. DRS 18, Tz. 7.
[163] Der IDW ERS HFA 7 n.F. wurde am 11.03.2011 vom IDW Hauptfachausschuss verabschiedet.
[164] Vgl. IDW RS HFA 7, Tz. 26; IDW ERS HFA 7, Tz. 24.

Rechnungslegungsvorschrift darstellt, die von allen Kaufleuten zu beachten ist.[165] Teile des Schrifttums folgen dieser Auffassung.[166]

In erster Linie ist diese vertretene Meinung wohl auf die im Gesetzentwurf zum BilMoG enthaltene Begründung zu § 274a Nr. 5 HGB zurückzuführen.[167] Nach den dort vorgenommenen Ausführungen sind passive latente Steuern bei kleinen Kapitalgesellschaften außerhalb des Anwendungsbereichs des § 274 HGB zu berücksichtigen, insofern für die passiven Steuerlatenzen zugleich die Tatbestandvoraussetzungen zur Bildung einer Rückstellung nach § 249 Abs. 1 S. 1 HGB vorhanden sind.[168] Hinsichtlich des Verweises auf § 249 Abs. 1 S. 1 HGB wären ebenfalls Personenunternehmen und Einzelkaufleute beim Vorliegen der Voraussetzungen zur Passivierung latenter Steuern als Rückstellung verpflichtet.[169] Eine Darstellung von Beispielfällen bei denen passive latente Steuern gleichzeitig die Tatbestandvoraussetzungen des § 249 Abs. 1 S. 1 HGB erfüllen wird hingegen weder im Entwurf IDW ERS HFA 7 n.F. noch in der Neufassung des IDW RS HFA 7 vorgenommen.

Allerdings ist der Regierungsbegründung zum BilMoG-Entwurf ebenso zu entnehmen, dass keineswegs bei allen passiven latenten Steuern gleichzeitig vom Vorliegen des Rückstellungscharakters nach § 249 Abs. 1 S. 1 HGB ausgegangen werden kann. Gerade bei passiven latenten Steuern aus quasi-permanenten Differenzen kann nicht zweifelsohne das Bestehen der Ansatzvoraussetzungen für eine Rückstellung angenommen werden, da sich der Kaufmann in der Regel der Verpflichtung zur Zahlung von Steuern auf diesen Sachverhalt einseitig entziehen kann und dementsprechend die Entstehung der Verpflichtung noch nicht sicher bzw. hinreichend wahrscheinlich ist.[170] Dieser Argumentation folgt das IDW in Tz. 26 des IDW RS HFA 7 weitestgehend mit der Ausnahme, dass auch passive latente Steuern auf quasi-permanente Differenzen in die Rückstellungsbildung

---

[165] Vgl. Lüdenbach/ Freiberg, BB 2011, S. 1579.
[166] Vgl. bspw. Ellrott, in: BeBiKo, § 274a HGB, Rz. 6; Wendholt/ Wesemann, DB 2009, Beil. 5, S. 72; Wolz, DB 2010, S. 2626; Ruberg, Ubg 2011, S. 626.
[167] Vgl. Lüdenbach/ Freiberg, BB 2011, S. 1581; Müller/ Kreipel, DB 2011, S. 1702.
[168] Vgl. BT-Drucks. 16/10067, S. 68.
[169] Vgl. Lüdenbach/ Freiberg, BB 2011, S. 1581.
[170] Vgl. BT-Drucks. 16/10067, S. 67.

gem. § 249 Abs. 1 S. 1 HGB mit einzubeziehen sind, wenn zum Bilanzstichtag Anhaltspunkte dafür vorliegen, die eine Umkehrung dieser Differenzen in absehbarer Zukunft erwarten lassen und daraus eine zukünftige Steuerbelastung resultiert.[171]

Demzufolge würde – außer es liegen deutliche Hinweise zum Abbau von quasi-permanenten Differenzen in überschaubarer Zukunft zum Abschlussstichtag vor – das zuvor nach § 274 HGB a. F. verwendete Timing-Konzept grundsätzlich zur Anwendung kommen, welches lediglich passive Steuerlatenzen aus zeitlich begrenzten Differenzen berücksichtigt. Von der Anwendung des Timing-Konzepts geht auch die h. M. aus, wobei keine weitere Begründung dazu geliefert wird.[172]

Fraglich ist jedoch, ob passive latente Steuern überhaupt die Tatbestandvoraussetzungen des § 249 Abs. 1 S. 1 HGB für die Bildung einer Rückstellung für ungewisse Verbindlichkeiten aufweisen können. Dies soll im Folgenden geprüft werden.

Eine Verbindlichkeitsrückstellung i. S. d. § 249 Abs. 1 S. 1 HGB ist im Allgemeinen dann zu bilanzieren, wenn eine Verpflichtung gegenüber einem Dritten (Außenverpflichtung) zwar dem Grunde und/ oder der Höhe noch unsicher ist, aber das Be- oder Entstehen dieser hinreichend wahrscheinlich ist und eine künftige Inanspruchnahme aus der Verpflichtung ernsthaft erwartet werden kann.[173] Darüber hinaus muss die Verpflichtung zum Abschlussstichtag rechtlich wirksam entstanden sein oder eine wirtschaftliche Verursachung zu diesem Zeitpunkt für jene vorliegen.[174]

Exemplarisch wurde in IDW ERS HFA 27 Tz. 20 unter anderem davon ausgegangen, dass aus der Aktivierung eines selbst geschaffenen immateriellen Vermögensgegenstands resultierende passive latente Steuern gleichzeitig auch die Tatbestandvoraussetzungen zur Bildung

---

[171] Vgl. IDW ERS HFA 7 n. F., Tz. 24.
[172] Vgl. z.B. Gelhausen/ Fey/ Kämpfer, Rechnungslegung, § 274 HGB, Rn. 54; Kühne/ Melcher/ Wesemann, WPg 2009, S. 1061; Petersen, WPg 2011, S. 259.
[173] Vgl. Kozikowski/ Schubert, in: BeBiKo, § 249 HGB, Rz. 24.
[174] Vgl. ebenda, § 249 HGB, Rz. 34.

einer Verbindlichkeitsrückstellung nach § 249 Abs. 1 S. 1 HGB aufweisen.[175]

Während für die Aktivierung eines selbst geschaffenen immateriellen Vermögensgegenstands im Handelsrecht gem. § 248 Abs. 2 S. 1 HGB ein Wahlrecht besteht, sieht das Steuerrecht für ein derartiges Wirtschaftsgut nach § 5 Abs. 2 EStG ein Ansatzverbot vor. Sofern das Wahlrecht zur Aktivierung in der Handelsbilanz ausgeübt wird, resultieren aus diesen ungleichen Ansatzvorschriften auf Basis der sich ergebenden Buchwertunterschiede auf der Aktivseite der Handels- und Steuerbilanz passive latente Steuern.[176] In der Handelsbilanz kommt es im Jahr der Aktivierung der Herstellungskosten zu keiner Ergebnisminderung, da die Aufwendungen durch den Ansatz des selbstgeschaffenen immateriellen Vermögensgegenstands kompensiert werden, wohingegen die entstandenen Kosten in der Steuerbilanz voll als Betriebsausgaben abgezogen werden.[177] Die zum Bilanzstichtag vorhandene Differenz zwischen dem handels- und steuerrechtlichen Ergebnis kehrt sich in den folgenden Geschäftsjahren hinsichtlich der handelsrechtlich vorzunehmenden planmäßigen Abschreibung auf den aktivierten Vermögensgegenstand um.[178]

Zunächst ist zu untersuchen, inwiefern die aus dem oben geschilderten Sachverhalt resultierende passive Steuerlatenz eine Außenverpflichtung darstellen kann. Die Verpflichtung zur Zahlung von Ertragsteuern – bei Personenhandelsgesellschaften ist dies lediglich die Gewerbesteuer – bestimmt sich nach den steuerrechtlichen Regelungen der jeweiligen Steuerart. Demzufolge stellen Steuerzahlungsverpflichtungen, sofern sie die Tatbestandsmerkmale, an die das entsprechende Steuergesetz die Leistungspflicht knüpft, erfüllen, eine öffentlich-rechtliche Außenverpflichtung dar, deren Gläubiger der Fiskus ist.[179] Fraglich ist, ob die entstandene passive

---

[175] Vgl. Lüdenbach/ Freiberg, BB 2011, S. 1581.
[176] Vgl. Kozikowski/ Fischer, in: BeBiKo, § 274 HGB, Rz. 25.
[177] Vgl. Küting/ Seel, in: Bilanzrecht, S. 511.
[178] Vgl. Müller, DStR 2011, S. 1047.
[179] Vgl. § 3 Abs. 1 AO; Baetge/ Kirsch/ Thiele, Bilanzen, S. 414.

latente Steuer selbst Schuldcharakter besitzt und die Bildung einer Rückstellung für eine ungewisse Verbindlichkeit rechtfertigt.

Durch die ergebnismindernde steuerbilanzielle Erfassung der entstandenen Herstellungskosten als Betriebsausgaben ist der Vorgang aus steuerrechtlicher Sicht als abgeschlossen anzusehen.[180] Nach Müller, der sich auf Kupsch/ Eder beruft, kommt „die Fingierung einer ungewissen künftigen Steuerverbindlichkeit unter `Bezugnahme auf eine künftig erhöhte Zahllast gegenüber dem Fiskus aufgrund des verminderten Betriebsausgabenpotenzials ... nicht in Betracht, da Steuerbemessungsgrundlage der Steuerverbindlichkeit der Steuerbilanzgewinn, nicht aber ein hiervon abweichendes Handelsbilanzergebnis ist´."[181] Die auf Basis der unterschiedlichen Bilanzierungsregeln entstandene passive latente Steuer kann daher nicht als Ursache einer zukünftigen Steuerverbindlichkeit gedeutet werden, auch wenn die gegenwärtige steuerliche Ergebnisverkürzung zu einer Minderung des künftigen Betriebsausgabenpotenzials führt und sich daraus aus handelsrechtlicher Sicht in Zukunft eine höhere Steuerbelastung ergibt.[182] Die frühere Verrechnung des Aufwands in der Steuerbilanz im Vergleich zur handelsrechtlichen Behandlung, die eine Reduzierung des Betriebsausgabenpotenzials in kommenden Perioden zur Folge hat, begründet somit keine Steuerschuld zum Abschlussstichtag.[183] Die entstandene passive Steuerlatenz besitzt dementsprechend lediglich Abgrenzungscharakter, um den tatsächlichen Steueraufwand an das handelsbilanzielle Ergebnis anzupassen und stellt keine Schuld im eigentlichen Sinne dar.[184] Eine eigenständige Steuerzahlungsverpflichtung gegenüber dem Fiskus lässt sich daher nicht aus der Entstehung der passiven latenten Steuer ableiten, da „...allein die [handelsrechtliche] Aktivierung von selbst erstellten Vermögensgegenständen weder einen Besteuerungstatbe-

---

[180] Vgl. Kupsch/ Eder, WPg 1988, S. 523, m. w. N.; Müller, DStR 2011, S. 1046.
[181] Müller, DStR 2011, S. 1047; Zitat bei Müller aus: Kupsch/ Eder, WPg 1988, S. 523.
[182] Vgl. Kupsch/ Eder, WPg 1988, S. 524.
[183] Vgl. Kupsch/ Eder, WPg 1988, S. 524
[184] Vgl. ebenda, S. 524.

stand verwirklichen [kann] noch werden bereits feststehende Steuerzahlungen in die Zukunft verlagert."[185]

Demzufolge hat weder die Entstehung der passiven Steuerlatenz noch deren Abbau in folgenden Geschäftsjahren eine Auswirkung auf die tatsächlich zu entrichtenden Steuern, da in beiden Fällen für die Gewerbesteuer gem. § 6 GewStG ein positiver Gewerbeertrag Steuerbemessungsgrundlage ist und nicht ein davon abweichender handelsbilanzieller Erfolg.[186]

Entsprechende Argumentation könnte auch für den Fall einer rein steuerrechtlich in Anspruch genommenen Sonderabschreibung herangezogen werden. Hinsichtlich der Abschaffung der umgekehrten Maßgeblichkeit kann bspw. das steuerliche Wahlrecht zur Inanspruchnahme einer Sonderabschreibung gem. § 7g Abs. 5 EStG auf abnutzbare bewegliche Wirtschaftsgüter des Anlagevermögens unabhängig von der handelsbilanziellen Handhabung ausgeübt werden.[187] Wird das Wahlrecht ausgeübt, so kommt es aufgrund der höheren steuerrechtlichen Abschreibung zu einem Buchwertunterschied zwischen den Vermögensgegenständen der Handels- und Steuerbilanz, aus der eine passive Steuerlatenz resultiert. Auch hier liegt die Tatbestandsvoraussetzung einer eigenständigen Außenverpflichtung nach § 249 Abs. 1 S. 1 HGB für die passive latente Steuer nicht vor, da „...durch die Verrechnung von höheren Abschreibungen in der Steuerbilanz im Vergleich zum handelsrechtlichen Abschluss, die das künftige steuerliche Abschreibungspotential mindert, eine Steuerschuld nicht begründet werden [kann]."[188]

Des Weiteren verlangt die BFH-Rechtsprechung eine hinreichende Konkretisierung bei einer ungewissen öffentlich-rechtlichen Verpflichtung.[189] Nach Auffassung des IDW sind aktive latente Steuern aus temporären Differenzen und aus künftig nutzbaren steuerlichen Verlustvorträgen bei der Bildung einer Rückstellung für passive

---

[185] Müller, DStR 2011, S. 1047.
[186] Vgl. Harms/ Küting, BB 1985, S. 99.
[187] Vgl. Kozikowski/ Fischer, in: BeBiKo, § 274 HGB, Rz. 25.
[188] Kupsch/ Eder, WPg 1988, S. 524.
[189] Vgl. bspw. BFH 19.10.1993, BStBl. II 1993, S. 892

Steuerlatenzen nach § 249 Abs. 1 S. 1 HGB mit einzubeziehen bzw. rückstellungsmindernd zu berücksichtigen.[190] Demgemäß ist eine Gesamtdifferenzenbetrachtung vorzunehmen und aktive latente Steuern mit passiven latenten Steuern zu verrechnen, da nur ein sich insgesamt ergebender Passivüberhang eine Außenverpflichtung gegenüber dem Fiskus darstellen kann.[191] Ungewiss ist dabei, inwiefern diese Gesamtdifferenzenbetrachtung mit der geforderten Konkretisierung der öffentlich-rechtlichen Verpflichtung vereinbar ist.[192] Darüber hinaus kommt eine Saldierung der Steuerlatenzen nur für passive latente Steuern im Anwendungsbereich des § 274 Abs. 1 HGB in Betracht, da diese als Sonderposten eigener Art klassifiziert werden und das Gesetz explizit ein Saldierungswahlrecht vorsieht, wohingegen eine Verrechnung der aktiven mit den passiven Steuerlatenzen bei einer Rückstellung für passive latente Steuern nach § 249 Abs. 1 S. 1 HGB mit dem für Verbindlichkeitsrückstellungen gültigen Prinzip des Saldierungsverbots im Konflikt steht.[193]

Gesetzt den Fall man würde dessen ungeachtet von dem Vorliegen einer Außenverpflichtung gegenüber dem Fiskus ausgehen bzw. einen Sachverhalt finden, aus dem eine passive Steuerlatenz resultiert, die eine künftige Steuerzahlungsverpflichtung begründet, so muss diese zugleich am Bilanzstichtag rechtlich wirksam entstanden oder wirtschaftlich verursacht sein, um eine Rückstellung für eine ungewisse Verbindlichkeit nach § 249 Abs.1 S. 1 HGB bilden zu können.
Ansprüche aus dem Steuerschuldverhältnis entstehen laut § 38 AO zu dem Zeitpunkt, zu dem der Besteuerungstatbestand erfüllt wird, an den die gesetzliche Regelung die Leistungspflicht knüpft. Im Fall der Gewerbesteuer entsteht die Steuerbelastung gem. § 18 GewStG i. V. m. § 38 AO rechtlich erst mit Ablauf des jeweiligen Erhebungszeitraums. Daraus folgt, dass eine zukünftige Gewerbesteuerbelastung rechtlich erst mit Beendigung des entsprechenden künftigen Veranlagungszeitraums entsteht und nicht bereits in dem

---
[190] Vgl. IDW RS HFA 7, Tz. 27; IDW ERS HFA 7 n. F., Tz. 24.
[191] Vgl. Müller, DStR 2011, S. 1047.
[192] Vgl. ebenda, S. 1047.
[193] Vgl. ebenda, S. 1047f.

Wirtschaftsjahr des Be- oder Entstehens einer temporären Differenz aufgrund unterschiedlicher Wertansätze zwischen der Handels- und Steuerbilanz.[194] Weil passive latente Steuern ihre belastende Wirkung erst mit Ablauf künftiger Erhebungszeiträume entfalten und auch erst dann in die steuerliche Bemessungsgrundlage einfließen, ist die Voraussetzung der rechtlichen Entstehung am Abschlussstichtag im Entstehungsjahr der temporären Differenz noch nicht erfüllt.[195] Vor diesem Hintergrund kommt die Bildung einer Verbindlichkeitsrückstellung für eine passive latente Steuer zumindest mangels rechtlicher Entstehung nicht in Betracht.[196]

Jedoch könnte dennoch eine Rückstellung für eine ungewisse Verbindlichkeit in Bezug auf die passive Steuerlatenz gebildet werden, insofern die erst in Zukunft rechtlich wirksam entstehende Steuerverbindlichkeit bereits zum Bilanzstichtag wirtschaftlich verursacht ist.[197] Für das Merkmal der wirtschaftlichen Verursachung vor dem Bilanzstichtag gibt es nach der BFH-Rechtsprechung und den vertretenen Meinungen in der Literatur hingegen verschiedene Auslegungsvarianten.[198] Bei der weiter gefassten Auslegungsvariante wird mit dem Realisationsprinzip gem. § 252 Abs. 1 Nr. 4 HGB argumentiert.[199] Allerdings fehlt es dieser an einer konstanten Rechtsauslegung durch die BFH-Rechtsprechung zur Bestimmung des Kriteriums der wirtschaftlichen Verursachung[200], sodass der Ausdruck wirtschaftliche Verursachung von Woerner als „schwammig" tituliert wird.[201]

Folgt man der Sichtweise von Moxter, so könnte eine Verbindlichkeitsrückstellung aufgrund der Verwirklichung der wirtschaftlich wesentlichen Merkmale gebildet werden, wenn den zukünftigen Aufwendungen

---

[194] Vgl. Lüdenbach, BC 2011, S. 160; Lüdenbach/ Freiberg, BB 2011, S. 1582.
[195] Vgl. Ruberg, Ubg 2011, S. 627
[196] Vgl. BStBK, Stellungnahme zum IDW ERS HFA 7 n. F. vom 30.09.2011, S. 5.
[197] Vgl. Mayer-Wegelin, in: HdR 1995, § 249 HGB, Rn. 38.
[198] Vgl. ebenda, § 249 HGB, Rn. 39ff., m. w. N.
[199] Vgl. Müller, DStR 2011, S. 1048.
[200] Vgl. Mayer-Wegelin, in: HdR 1995, § 249 HGB, Rn. 39; Hoffmann/ Lüdenbach, NWB Kommentar, § 249, Rz. 22ff.
[201] Woerner, BB 1994, S. 246.

bereits am Bilanzstichtag realisierte Erträge unmittelbar zugeordnet werden können.[202]

Als Beispiel dafür könnte die Bildung einer steuerlichen Reinvestitionsrücklage nach § 6b Abs. 3 EStG für die Veräußerung eines Betriebsgrundstücks in Frage kommen. Im Jahr der Veräußerung des Grundstücks kann der realisierte Veräußerungsgewinn in eine Rücklage nach § 6b Abs. 3 EStG eingestellt werde, sofern nicht im Jahr des Verkaufs, sondern in den folgenden vier Geschäftsjahren ein nach § 6b Abs. 1 S. 2 EStG entsprechendes Wirtschaftsgut angeschafft oder hergestellt werden soll. Durch die Bildung der Rücklage kommt es zur vorläufigen Verhinderung der Besteuerung des Veräußerungsgewinns, da ein zusätzlicher Passivposten als gewinnmindernde Rücklage in die Steuerbilanz aufgenommen wird.[203] Demgegenüber kommt es handelsrechtlich zu einer Realisierung des Veräußerungsgewinns, da nach Handelsrecht für diesen Sachverhalt mit der Einführung des BilMoG keine Rücklage mehr gebildet werden darf.[204] Aufgrund der lediglich in der Steuerbilanz angesetzten Rücklage würde daraus eine passive Steuerlatenz resultieren, sofern sich diese voraussichtlich in folgenden Perioden umkehrt und zu einer Steuerbelastung führt. Im Hinblick auf eine nach § 249 Abs. 1 S. 1 HGB zu bildende Verbindlichkeitsrückstellung könnte daher das Tatbestandsmerkmal der wirtschaftlichen Verursachung hinsichtlich der realisierten Erträge am Bilanzstichtag gegeben sein, denen künftige Steuerbelastungen zugewiesen werden können. Allerdings ist zu differenzieren, ob in den folgenden Geschäftsjahren ein Grundstück oder ein Gebäude angeschafft wird, da die Anschaffungskosten i. d. R. um den eingestellten Betrag im Jahr des Erwerbs gekürzt werden bzw. die steuerfreie Rücklage auf das angeschaffte Wirtschaftsgut erfolgsneutral übertragen wird.[205] Gesetzt den Fall, dass ein unbebautes Grundstück angeschafft wird und die gebildete Rücklage darauf übertragen wird, liegt der passiven Steuerlatenz eine quasi-permanente Differenz zugrunde, da Grund und Boden keiner planmäßigen Abschreibung

---

[202] Vgl. Moxter, Bilanzrechtssprechung, S. 108f.
[203] Vgl. Kozikowski/ Fischer, in: BeBiKo, § 274 HGB, Rz. 21.
[204] Vgl. Dörfer/ Adrian, Ubg 2009, S. 388.
[205] Vgl. Horschitz/ Groß/ Fanck, Buchführung, S. 473; § 6b Abs. 3 EStG

unterliegt und sich die Differenz erst durch eine entsprechende Dispositionsentscheidung der Unternehmensleitung zum Verkauf umkehrt. Nach dem Timing-Konzept sind aber gerade keine quasi-permanente Differenzen bei der Passivierung latenter Steuern nach § 249 Abs. 1 S. 1 HGB zu berücksichtigen. Des Weiteren könnte das Argument gebracht werden, dass die bloße Möglichkeit zur Veräußerung des Grundstücks in zukünftigen Geschäftsjahren nicht ausreicht, um in diesem Fall eine ungewisse spätere Steuerverbindlichkeit zu begründen, da mit der Inanspruchnahme noch nicht ernsthaft zu rechnen ist bzw. das Unternehmen sich dem Leistungszwang einseitig entziehen kann.[206]

Wird hingegen ein Gebäude angeschafft, so mindert die Übertragung der Rücklage gem. § 6b Abs. 3 S. 2 EStG die Anschaffungskosten des Gebäudes, was infolge der Abnutzbarkeit des Wirtschaftsguts zu einem zukünftig geringeren steuerlichen Abschreibungspotenzial führt und die steuerliche Bemessungsgrundlage in dem Zeitraum des Abbaus der temporären Differenz dadurch höher ausfällt.[207] Die sich daraus künftig ergebenden Steuermehrbelastungen hängen auch mit den bereits realisierten Erträgen zusammen. Dementsprechend wäre im Entstehungsjahr der zeitlich begrenzten Differenz das Tatbestandsmerkmal der wirtschaftlichen Verursachung erfüllt.[208]

Allerdings legt der BFH für die Fallgruppe der öffentlich-rechtlichen Verpflichtungen die für eine Steuerschuld von Bedeutung ist, den Begriff der wirtschaftlichen Verursachung enger aus.[209] Bei einer öffentlich-rechtlichen Verpflichtung liegt nach der ergangenen BFH-Rechtsprechung die Tatbestandsvoraussetzung der wirtschaftlichen Verursachung gem. § 249 Abs. 1 S. 1 HGB erst dann vor, „…wenn das Entstehen der Verbindlichkeit nur noch von wirtschaftlich unwesentlichen Tatbestandsmerkmalen abhängt und damit der Tatbestand, an den das Gesetz das Entstehen der Verpflichtung knüpft,

---

[206] Vgl. Mayer-Wegelin, in: HdR 1995, § 249 HGB, Rn. 53; Kozikowski/ Schubert, in: BeBiKo, § 249 HGB, Rz. 31 u. 43
[207] Vgl. Ruberg, Ubg 2011, S. 630.
[208] Vgl. ebenda, S. 630.
[209] Vgl. Betram, in: Haufe Kommentar, § 249, Rz. 39; Lüdenbach/ Freiberg, BB 2011, S. 1583.

im Wesentlichen bereits verwirklicht ist."[210] Im Hinblick auf Jahressteuerschulden lässt sich nach Meinung von Lüdenbach sowie des DStV und der BStBK aus der dazu vorgenommenen Kommentarliteratur ableiten, dass im Entstehungsjahr der temporären Differenz am Abschlussstichtag noch nicht alle wirtschaftlich wesentlichen Tatbestandsmerkmale zur Begründung einer Steuerschuld erfüllt sind, da die künftige Steuerbelastung auch wirtschaftlich im Wesentlichen erst mit Ablauf des jeweiligen zukünftigen Erhebungszeitraums entsteht. Vor diesem Zeitpunkt kommt es noch nicht zur Verwirklichung des wesentlichen, steuerauslösenden Tatbestands, an den das Gesetz die Leistungsverpflichtung knüpft.[211] „Das Entstehen der Steuerverbindlichkeit hängt nicht nur noch von wirtschaftlich unwesentlichen Tatbestandsmerkmalen ab, denn allein die künftige Steuerbemessungsgrundlage stellt das wesentliche Tatbestandsmerkmal der Verbindlichkeit dar."[212] Somit fehlt es nicht nur an der rechtlichen Entstehung, sondern auch an der wirtschaftlichen Verursachung der zukünftigen Steuerbelastung zum Bilanzstichtag in dem Wirtschaftsjahr, in dem die passive Steuerlatenz entstanden ist, sodass keine Verbindlichkeitsrückstellung für diese gebildet werden darf.[213]

In der Neufassung des IDW RS HFA 7 vertritt das IDW in Tz. 26 die Auffassung, dass beim Bestehen von temporären Differenzen, deren Umkehrung in folgenden Perioden aller Voraussicht nach zu einer Steuerbelastung führt, dies zugleich eine wirtschaftliche Belastung zum Bilanzstichtag begründet und folglich die Tatbestandsvoraussetzungen des § 249 Abs. 1 S. 1 HGB vorliegen. Meines Erachtens ist dem aber zu widersprechen, da eine ungewisse Verbindlichkeit erst dann eine wirtschaftliche Belastung darstellt und zu bilanzieren ist, wenn diese am Abschlussstichtag entweder rechtlich wirksam entstanden oder

---

[210] BFH 25.08.1989, III R 95/87, BStBl. II 1989, S. 895, m. w. N.; ähnlich BFH 01.08.1984, I R 88/80, BStBl. II 1985, S. 46f., m. w. N..
[211] Vgl. Lüdenbach, BC 2011, S. 160; DStV, Stellungnahme zum IDW ERS HFA 7 n. F. vom 18.07.2011, S. 3; BStBK, Stellungnahme zum IDW ERS HFA 7 n. F. vom 30.09.2011, S. 5; Weber-Grellet, in: Schmidt, § 5, Rz. 387, m. w. N..
[212] Müller, DStR 2011, S. 1048, m. w. N.
[213] Vgl. Lüdenbach/ Freiberg, BB 2011, S. 1583.

wirtschaftlich verursacht ist.[214] Davon ist aber nach den dargelegten Ausführungen bei einer passiven latenten Steuer nicht auszugehen.

Insgesamt lässt sich feststellen, dass bei passiven latenten Steuern bzw. einem Passivüberhang latenter Steuern nicht gleichzeitig sämtliche Tatbestandsvoraussetzungen des § 249 Abs. 1 S. 1 HGB erfüllt sind, die den Ansatz einer Rückstellung für ungewisse Verbindlichkeiten rechtfertigen. Zumindest mag die vom IDW vertretene Auffassung, dass grundsätzlich bei bestehenden Buchwertunterschieden zwischen den Vermögensgegenständen, Schulden und Rechnungsabgrenzungsposten der Handels- und Steuerbilanz, deren spätere Umkehrung voraussichtlich zu einer Steuerbelastung führt, eine Rückstellung für passive Steuerlatenzen zu bilden ist, nicht zu überzeugen.[215]

Ferner ist den Ausführungen in der IDW Stellungnahme zur Rechnungslegung IDW RS HFA 7 in Tz. 27 zu entnehmen, dass die Bewertung einer Rückstellung für passive Steuerlatenzen nach den allgemein für Rückstellungen verbindlichen Vorschriften vorzunehmen ist.[216] Infolgedessen wäre gem. § 253 Abs. 2 HGB eine Diskontierung einer Rückstellung für passive latente Steuern mit einer Restlaufzeit von über einem Jahr unvermeidlich. Widersprüchlicherweise räumt das IDW aber noch in demselben Absatz der für die passive Steuerlatenz gem. § 249 Abs. 1 S. 1 HGB zur Rückstellungsbildung verpflichtenden Personenhandelsgesellschaft ein Bewertungswahlrecht ein, welches ihr ermöglicht in analoger Anwendung des § 274 Abs. 2 S. 1 HGB eine Abzinsung zu unterlassen.[217]

Abgesehen von dem Erfordernis des gleichzeitigen Vorliegens der Tatbestandsvoraussetzungen des § 249 Abs. 1 S. 1 HGB bei passiven latenten Steuern, um eine Verbindlichkeitsrückstellung überhaupt begründen zu können, scheint es an dieser Stelle angebracht näher auf

---

[214] Vgl. Kozikowski/ Schubert, in: BeBiKo; § 249 HGB, Rz. 34
[215] Vgl. IDW RS HFA 7, Tz. 26; IDW ERS HFA 7 n. F., Tz. 24; gl. A. Ruberg, Ubg 2011, S. 633.
[216] Vgl. IDW ERS HFA 7 n. F., Tz. 24.
[217] Vgl. Lüdenbach/ Freiberg, BB 2011, S. 1583.

die vom Gesetzgeber mit der Einführung des BilMoG vorgenommene Umqualifizierung der latenten Steuern einzugehen.[218]

Wie der Regierungsbegründung zum Gesetzentwurf zu entnehmen ist, werden sowohl aktive latente Steuern als auch passive latente Steuern in ihrer Gesamtheit ausdrücklich als Sonderposten eigener Art eingestuft bzw. klassifiziert, da es sich bei diesen weder um Vermögensgegenstände und Rechnungsabgrenzungsposten handelt noch ein Passivposten in seiner Gesamtheit eine Schuld darstellt.[219]

Wurde in dem § 274 Abs. 1 S. 1 HGB a. F. noch explizit durch den Verweis auf § 249 Abs. 1 S. 1 HGB eine Verbindlichkeitsrückstellung für passive latente Steuern vorgeschrieben, so wurde diese Bezugnahme in der Neufassung des § 274 HGB aufgegeben.[220] Im Gegensatz zur alten Rechtslage, die den Ausweis der gebildeten Rückstellung für die passive Steuerlatenz noch unter den Steuerrückstellungen gem. § 266 Abs. 3 B. 2. HGB a. F. vorsah,[221] ist eine passive latente Steuerabgrenzung ausdrücklich nach § 274 Abs. 1 S. 1 HGB n. F. i. V. m. § 266 Abs. 3 E. HGB nun unter gesondertem Posten mit der Bezeichnung „Passive latente Steuern" – „von den Rückstellungen räumlich deutlich getrennt" - auszuweisen.[222] Demnach würde der vom IDW vorgesehene Ausweis[223] einer Rückstellung für passive latente Steuern außerhalb des Anwendungsbereichs des § 274 HGB unter den Steuerrückstellungen dem Gesetzeswortlaut des § 274 Abs. 1 S. 1 HGB zuwiderlaufen, nach dem eine sich insgesamt ergebende künftige Steuerbelastung als passive latente Steuern, mit ausdrücklichem Verweis auf § 266 Abs. 3 E. HGB, unter gesondertem Posten in der Bilanz anzusetzen ist.[224] Bekräftigt wird dies zusätzlich noch durch die Ausführungen des Rechtsausschusses in der Beschlussempfehlung zum BilMoG, der durch die Aufnahme der Wörter „in der Bilanz anzusetzen" in der Neufassung des § 274 Abs. 1 S. HGB die

---

[218] Vgl. DStV, Stellungnahme zum IDW ERS HFA 7 n. F. vom 18.07.2011, S. 4.
[219] Vgl. BT-Drucks. 16/10067, S. 67.
[220] Vgl. ebenda, S. 67.
[221] Vgl. WP Handbuch 2006, Band 1, S. 529, F, Tz. 339.
[222] DStV, Stellungnahme zum IDW ERS HFA 7 n. F. vom 18.07.2011, S. 4.
[223] In IDW ERS HFA 7 n. F. Tz. 24 wurde noch ein Ausweis der nach § 249 Abs. 1 S. 1 HGB gebildeten Rückstellungen für passive Steuerlatenzen in den Steuerrückstellungen gefordert.
[224] Vgl. IDW RS HFA 7, Tz. 28.

Begründung zur verpflichtenden Aufnahme des Sonderpostens in der Bilanz sieht.[225]

Dadurch wird vom Gesetzgeber klar und deutlich zum Ausdruck gebracht, dass es sich bei latenten Steuern in ihrer Gesamtheit um Sonderposten eigener Art handelt, die als solche gem. § 274 Abs. 2 HGB eigenen Bewertungsregelungen unterliegen und einen gesonderten Ausweis erfordern. Selbst die Streichung der Wörter „latente Steuern" aus der Aufzählung der Bestandteile des Jahresabschlusses in § 246 Abs. 1 HGB n. F., die in der ursprünglichen Fassung noch enthalten waren, ändert nichts an der Intention des Gesetzgebers, Steuerlatenzen als Sonderposten eigener Art zu klassifizieren.[226] Durch den Verzicht der Nennung der latenten Steuern in der Endfassung des § 246 Abs. 1 HGB soll laut der Begründung des Rechtsausschusses lediglich verdeutlicht werden, dass der Anwendungspflicht der Vorschriften des § 274 HGB nur Kapitalgesellschaften unterliegen, da deren Geltungsbereich grundsätzlich auf diese beschränkt ist.[227] Folglich sollen passive Steuerlatenzen auch nicht mehr den Rückstellungen zugeordnet werden, sondern sind als eigenständiger Posten anzusehen, dem ausschließlich die Regelungen des § 274 HGB zugrunde zu legen sind.[228]

Meines Erachtens kommt aufgrund der vorliegenden Argumentation eine Bilanzierung latente Steuern bei nicht haftungsbeschränkten Personenhandelsgesellschaften und kleinen Personenhandelsgesellschaften i. S. d. § 264a HGB nur bei einer freiwilligen Anwendung des § 274 HGB in Betracht. Zumal bereits vor Einführung des BilMoG, trotz des expliziten Verweises in § 274 Abs. 1 HGB a. F. auf § 249 Abs. 1 S. 1 HGB, unter Berücksichtigung der entsprechenden GoB nach h. M.

---

[225] Vgl. BT-Drucks. 16/12407, S. 87.
[226] Vgl. DStV, Stellungnahme zum IDW ERS HFA 7 n. F. vom 18.07.2011, S. 4.
[227] Vgl. BT-Drucks. 16/12407, S. 84.
[228] Vgl. Eggert, Stellungnahme IDW ERS HFA 7 n. F. vom 12.08.2011, S. 5.

nur von einem Wahlrecht angesichts der latenten Steuerabgrenzung bei Personenhandelsgesellschaften ausgegangen worden ist.[229]
Eine eingetretene Änderung der GoB im Hinblick auf die latente Steuerabgrenzung ist aber nicht ersichtlich, sodass eine verpflichtende Passivierung der Steuerlatenzen gem. § 249 Abs. 1 S. 1 HGB nach neuer Rechtslage sehr fraglich erscheint.[230]
Weiterhin würde bei kleinen Personenhandelsgesellschaften i. S. d. § 264a HGB bei Inanspruchnahme der Erleichterungsnorm des § 274a Nr. 5 HGB, sollte man der Auffassung des IDW Folge leisten, die Befreiungsvorschrift zur Nichtanwendung des § 274 HGB hinsichtlich der Bilanzierung latenter Steuern weitestgehend ins Leere laufen.[231] Der Vereinfachungseffekt des § 274a Nr. 5 HGB würde sich dann lediglich auf die Nichtberücksichtigung von aktiven und passiven latenten Steuern aus quasi-permanenten Differenzen beschränken.[232] Dies kann wohl kaum im Sinne des Gesetzgebers gewesen sein, da gerade durch die Neueinführung des § 274a Nr. 5, folgt man dem Gesetzeswortlaut, kleine Personenhandelsgesellschaften i. S. d. § 264a HGB (in vollem Umfang) von der Anwendung der Regelungen des § 274 HGB befreit sind, und dies nicht nur für den Fall des Entstehens von Steuerlatenzen aufgrund von quasi-permanenten Differenzen.[233] Eine Einschränkung der Erleichterungsvorschrift ist dem Gesetz nicht zu entnehmen.
Zwar gilt für kleine haftungsbeschränkte Personenhandelsgesellschaften gleichwohl durch den Verweis in § 264a Abs. 1 HGB der Grundsatz des § 264 Abs. 2 HGB, durch den der Jahresabschluss eine möglichst zutreffende Darstellung der Vermögens-, Finanz- und Ertragslage vermitteln soll, jedoch ist davon auszugehen, dass durch die ausdrückliche Erleichterungsvorschrift zur Befreiung derartiger Personenhandelsgesellschaften von der latenten Steuerabgrenzung dem Prinzip der Wirtschaftlichkeit aufgrund der Komplexität und dem hohen Arbeitsaufwand bei der Ermittlung latenter Steuern im Vergleich

---

[229] Vgl. Hoyos/ Fischer, in: BeBiKo 2006, § 274 HGB, Rz. 78; SABI, Stellungnahme SABI 3/1988, in: WPg 1988, S. 683.
[230] Vgl. Lüdenbach, BC 2011, S. 160; Lüdenbach/ Freiberg, BB 2011, S. 1581.
[231] Vgl. Skoluda/ Janitschke, StuB 2011, S. 365.
[232] Vgl. Eggert, Stellungnahme IDW ERS HFA 7 n. F. vom 12.08.2011, S. 6.
[233] Vgl. ebenda, S. 8.

zu dem tatsächlichen Nutzen wohl eine größere Bedeutung zuzumessen ist.[234] Vor diesem Hintergrund scheint eine verzerrte Darstellung der Vermögens- und Ertragslage bei kleinen haftungsbeschränkten Personenhandelsgesellschaften hinsichtlich der Unterlassung der Abgrenzung latenter Steuern aus Vereinfachungsgründen gerechtfertigt und mit dem Ziel des Gesetzgebers, durch Einführung des BilMoG mit dem modernisierten HGB-Bilanzrecht, insbesondere für mittelständische Unternehmen eine kostengünstigere und einfachere Alternative zu den IFRS zu schaffen, in Einklang zu bringen sein.[235] Ansonsten würde für diese Gesellschaften keine Erleichterung erreicht werden, sondern im Gegenteil sich ein komplizierteres Verfahren ergeben, da diese jeweils bei der Bilanzierung latenter Steuern unterscheiden müssten, ob die Entstehung der latenten Steuer auf einer temporären oder quasi-permanenten Differenz beruht.[236]

5. Besonderheiten der latenten Steuerabgrenzung bei Personenhandelsgesellschaften

5.1. Besteuerung von Personengesellschaften

Personenhandelsgesellschaften, die entweder infolge bestimmter Ausprägungen gem. § 264a HGB oder hinsichtlich ihres Größenformats nach dem PublG zur Anwendung des § 274 HGB verpflichtet sind, sowie Personenhandelsgesellschaften, die nicht aufgrund besonderer Regelungen der Pflichtanwendung unterliegen, aber die Vorschriften zur Abgrenzung latenter Steuern freiwillig anwenden (zur Verdeutlichung siehe Abb. 3), müssen bei der Bilanzierung latenter Steuern den steuerlichen Besonderheiten ihrer Rechtsform Rechnung tragen.

---

[234] Vgl. Müller/ Kreipel, DB 2011, S. 1704f.
[235] Vgl. BT-Drucks. 16/10067, S. 1; Müller/ Kreipel, DB 2011, S. 1705.
[236] Vgl. Eggert, Stellungnahme IDW ERS HFA 7 n. F. vom 12.08.2011, S. 11.

Aus ertragssteuerlicher Sichtweise werden Personengesellschaften, die gewerblich tätig sind, gem. § 15 Abs. 1 Nr. 2 EStG, als sogenannte Mitunternehmerschaften behandelt.[237] Im Gegensatz zu dem für Kapitalgesellschaften gültigen Trennungsprinzip herrscht bei Personengesellschaften nach dem deutschen Steuerrecht das sog. Transparenzprinzip.[238] Dies bedeutet, dass die Personengesellschaft nicht selbst Subjekt der Einkommensbesteuerung ist, sondern die auf Ebene der Personengesellschaft zunächst ermittelten gewerblichen Gewinnanteile den Gesellschaftern bzw. Mitunternehmern zugewiesen werden und dort auf Gesellschafterebene der Einkommensteuer oder Körperschaftsteuer unterliegen.[239] Die Ermittlung des steuerlichen Gewinnanteils eines Gesellschafters am Gesamtgewinn der Mitunternehmerschaft vollzieht sich im Rahmen einer zweistufigen Gewinnermittlung.[240] Auf der ersten Gewinnermittlungsstufe sind sowohl das Ergebnis aus der steuerlichen Gesamthandsbilanz, die aus der Handelsbilanz abgeleitet wird, als auch Wertkorrekturen aus evtl. vorliegenden steuerlichen Ergänzungsbilanzen einzelner Mitunternehmer zu berücksichtigen.[241] Auf der zweiten Stufe der Gewinnermittlung werden dann Gewinne oder Verluste aus etwaigen Sonderbilanzen der Gesellschafter mit einbezogen.[242] Durch Addition der Ergebnisse aus der ersten und zweiten Gewinnermittlungsstufe wird für jeden Mitunternehmer sein anteiliger Gewinn ermittelt und diesem unmittelbar zugerechnet.[243] Der den Gesellschaftern zugewiesene Gewinnanteil wird anschließend auf Gesellschafterebene entweder der Einkommensteuer oder Körperschaftsteuer unterworfen.[244] Besteuerungssubjekt der Einkommensteuer ist nach § 1 EStG ausschließlich die natürliche Person, wohingegen der Körperschaftsteuer gem. §§ 1 und 2 KStG juristische Personen unterliegen. Dementsprechend fehlt der Personengesellschaft bei diesen Ertragssteuern die

---

[237] Vgl. Künkele/ Zwirner, DStR 2011a, S. 2264.
[238] Vgl. Fülbier/ Mages, KoR 2007, S. 70.
[239] Vgl. Niehus/ Wilke, Besteuerung PersG, S. 18.
[240] Vgl. Künkele/ Zwirner, DStR 2011a, S. 2264.
[241] Vgl. Lange/ Wolz, BiM 2010, S. 76.
[242] Vgl. Künkele/ Zwirner, BC 2012, S. 106.
[243] Vgl. Fülbier/ Mages, KoR 2007, S. 71.
[244] Vgl. Künkele/ Zwirner, BC 2012, S. 106.

Steuersubjekteigenschaft und man spricht vom „Durchgriff durch die Personengesellschaft auf die Ebene der Gesellschafter."[245]

Etwas anderes gilt hingegen für die Gewerbesteuer. Das Transparenzprinzip kommt im Bereich der Gewerbesteuer nicht zur Anwendung, da die Personengesellschaft bzw. Mitunternehmerschaft gem. § 2 Abs. 1 GewStG i. V. m. § 15 Abs. 3 EStG aufgrund der Ausübung eines inländischen Gewerbebetriebs selbstständiges Steuerobjekt der Gewerbesteuer ist.[246] Angesichts des Objektsteuercharakters der Gewerbesteuer wird die Personengesellschaft in § 5 Abs. 1 S. 2 GewStG selbst als Schuldnerin der Gewerbesteuer angegeben.[247]

Für Zwecke der Abgrenzung latenter Steuern sind die einzelnen Bilanzierungsebenen, d. h. die Ebene der Personenhandelsgesellschaft sowie die Ebene der beteiligten Gesellschafter, von besonderer Bedeutung und konsequent voneinander zu trennen.[248]

5.2. Abgrenzung latenter Steuern auf Ebene der Personenhandelsgesellschaft

5.2.1 Bestimmung des relevanten Steuersatzes

Die Abgrenzung latenter Steuern kommt auf Ebene der Personenhandelsgesellschaft lediglich für Zwecke der Gewerbesteuer in Betracht, da nur bei dieser Ertragssteuerart die Gesellschaft selbst Steuersubjekt und zugleich Steuerschuldnerin ist.[249] Lediglich hinsichtlich der Gewerbesteuer kann es auf Sphäre der Personenhandelsgesellschaft auf Basis von unterschiedlichen handels- und steuerrechtlichen Wertansätzen von Vermögensgegenständen, Schulden und Rechnungsabgrenzungsposten zu künftigen Steuerbe- oder –entlastungen kommen.[250]

---

[245] Niehus/ Wilke, Besteuerung PersG, S. 18.
[246] Vgl. Huken, in: NWB Gewerbesteuergesetz Kommentar 2009, § 2 GewStG, Rn. 2.
[247] Vgl. Bollweg/ Brinkmann, in: NWB Gewerbesteuergesetz Kommentar 2009, § 5 GewSt, Rn. 1 und 4.
[248] Vgl. Künkele/ Zwirner, DStR 2011a, S. 2264.
[249] Vgl. Kastrup/ Middendorf, BB 2010, S. 816.
[250] Vgl. ebenda, S. 816.

Der für die Bewertung der Steuerlatenzen maßgebende Gewerbesteuersatz ergibt sich aus der einheitlichen Steuermesszahl von 3,5% multipliziert mit dem jeweilig festgesetzten Hebesatz der zuständigen Gemeinde. Wie bereits unter 2.3.4. erwähnt, wird es als zweckmäßig erachtet einen durchschnittlichen Hebesatz zu bilden, sofern die Personenhandelsgesellschaft Betriebsstätten in mehreren Gemeinden unterhält, in denen unterschiedliche Hebesätze gelten.[251] Unter Vernachlässigung der gewerbesteuerlichen Hinzurechnungen gem. § 8 GewStG und Kürzungen gem. § 9 GewStG, vorausgesetzt diese sind unwesentlich, und Annahme eines durchschnittlichen Gewerbesteuerhebesatzes i. H. v. 400% führt dies zu einem für die Bewertung heranzuziehenden Gewerbesteuersatz von 14%.[252] Unter Wesentlichkeitsaspekten kann bei der Steuersatzermittlung der für Personenhandelsgesellschaften vorgesehene Freibetrag nach § 11 Abs. 1 Nr. 1 GewStG unberücksichtigt bleiben.[253]

Steuerbemessungsgrundlage der Gewerbesteuer ist laut § 6 GewStG der Gewerbeertrag, der gem. § 7 S. 1 GewStG bei Mitunternehmerschaften nach den Gewinnermittlungsvorschriften des Einkommensteuergesetzes zu bestimmen ist. Demnach bezieht sich der Gewerbeertrag auf den Gesamtgewinn der Mitunternehmerschaft inklusive den Ergebnissen aus etwaigen Ergänzungs- und Sonderbilanzen der beteiligten Gesellschafter.[254] Fraglich ist jedoch, inwieweit Ergänzungs- und Sonderbilanzen bei der latenten Steuerabgrenzung auf Ebene der Personenhandelsgesellschaft zu berücksichtigen sind.

5.2.2. Ergänzungsbilanzen

Gegenstand der latenten Steuerabgrenzung sind gem. § 274 HGB zeitlich begrenzte und quasi-permanente Differenzen, die aus Abweichungen zwischen den handels- und steuerrechtlichen

---

[251] Vgl. Kozikowski/ Fischer, in: BeBiKo, § 274, Rz. 61.
[252] Vgl. Baetge/ Kirsch/ Thiele, Bilanzen, S. 540;
Hoffmann/ Lüdenbach, NWB Kommentar, § 274 HGB, Rz. 53.
[253] Vgl. Ernsting/ Loitz, DB 2008, S. 1055; Kastrup/ Middendorf, BB 2010, 816; Künkele/ Zwirner, DStR 2011a, S. 2265
[254] Vgl. Voßkuhl, in: NWB Gewerbesteuergesetz Kommentar 2009, § 6 GewStG, Rn. 2 und § 7 GewStG, Rn. 6.

Wertansätzen resultieren. Ausgangspunkt zur Ermittlung der relevanten Differenzen sind zunächst die Abweichungen zwischen den Wertansätzen in der Handelsbilanz und denen in der Gesamthandsbilanz der Personenhandelsgesellschaft.[255] Jedoch sind die steuerlichen Wertansätze in der Gesamthandsbilanz um Wertkorrekturen aus steuerlichen Ergänzungsbilanzen anzupassen.[256] Steuerliche Ergänzungsbilanzen beinhalten gesellschafterspezifische Wertberichtigungen bzw. Mehr- oder Minderwerte der in der steuerlichen Gesamthandsbilanz ausgewiesenen Wirtschaftsgüter und Schulden.[257] Ursachen für die Aufstellung von steuerlichen Ergänzungsbilanzen sind bspw. Anteilsübernahmen oder die Einbringung eines Betriebs, Teilbetriebs oder Mitunternehmeranteils.[258] Die in einer Ergänzungsbilanz ausgewiesenen Korrekturwerte beziehen sich auf Wirtschaftsgüter und Schulden die im Gesamthandseigentum der Personenhandelsgesellschaft stehen.[259] Die sich aufgrund einer positiven oder negativen Ergänzungsbilanz ergebenden Differenzen kehren sich in zukünftigen Perioden entweder durch planmäßige Abschreibungen gewinnmindernd oder gewinnerhöhend um oder führen beim Abgang des zugrundeliegenden Wirtschaftsguts aus dem Gesamthandsvermögen zu einem Gewinn bzw. Verlust.[260] Die gewerbesteuerliche Bemessungsgrundlage der Personenhandelsgesellschaft wird durch eben diese Ergebnisveränderungen beeinflusst, sodass daraus zukünftige Gewerbesteuerbe- oder -entlastungen resultieren.[261] Dementsprechend setzen sich die erforderlichen steuerlichen Buchwerte, die den handelsrechtlichen Wertansätzen nach § 274 Abs. 1 HGB gegenüberzustellen sind, aus den Wertansätzen laut Steuerbilanz berichtigt um die Werte aus etwaigen Ergänzungsbilanzen zusammen.[262] Folglich sind Wertkorrekturen aus steuerlichen Ergänzungsbilanzen der einzelnen Gesellschafter bei der Ermittlung der abzugrenzenden latenten Gewerbesteuer auf Ebene der

---

[255] Vgl. Künkele/ Zwirner, DStR 2011b, S. 2309.
[256] Vgl. Kastrup/ Middendorf, BB 2010, S. 815.
[257] Vgl. ebenda, S. 816.
[258] Vgl. Kirsch, DStZ 2003, S. 332f.; Künkele/ Zwirner, DStR 2011b, S. 2309ff.
[259] Vgl. Bertram, in: Haufe Kommentar, § 274 HGB, Rz. 70.
[260] Vgl. Künkele/ Zwirner, DStR 2011b, S. 2309.
[261] Vgl. Kastrup/ Middendorf, BB 2010, S. 817.
[262] Vgl. Künkele/ Zwirner, BC 2012, S. 107.

Personenhandelsgesellschaft mit einzubeziehen.[263] Anhand der Abbildung 4 soll die Berücksichtigung einer positiven Ergänzungsbilanz bei der latenten Steuerabgrenzung dargestellt werden. Während positive Ergänzungsbilanzen durch die künftige Auflösung der Mehrwerte generell aktive Steuerlatenzen auslösen, führen negativen Ergänzungsbilanzen durch den Abbau der Minderwerte in späteren Geschäftsjahren zu passiven Steuerlatenzen.[264] Mit Hilfe der Abbildung 5 sollen die Auswirkungen einer positiven und negativen Ergänzungsbilanz auf die Abgrenzung latenter Steuern illustriert werden.

5.2.3. Sonderbilanzen

Im Gegensatz zu Ergänzungsbilanzen werden in Sonderbilanzen Wirtschaftsgüter und Schulden abgebildet die nicht dem Gesamthandsvermögen der Personenhandelsgesellschaft zuzuordnen sind, sondern der Vermögenssphäre des jeweiligen Gesellschafters selbst.[265] Steuerliche Sonderbilanzen enthalten Wirtschaftsgüter und Schulden, die entweder der Personenhandelsgesellschaft zum Betrieb durch ihre Gesellschafter zur Verfügung gestellt werden (Sonderbetriebsvermögen I) oder zur Stärkung der Beteiligung des Gesellschafters dienen (Sonderbetriebsvermögen II).[266] Das sogenannte Sonderbetriebsvermögen befindet sich im persönlichen (sowohl im zivilrechtlichen als auch wirtschaftlichen) Eigentum des jeweiligen Mitunternehmers und ist nicht dem Gesamthandsvermögen der Personenhandelsgesellschaft zuzurechnen.[267] Da es sich um eigenständige Wirtschaftsgüter und Schulden des Gesellschafters handelt, für die die Personenhandelsgesellschaft keine Verfügungsmacht hat, werden diese nicht in deren Handelsbilanz bilanziert bzw. angesetzt.[268] Gleichwohl sind Ergebnisse aus steuerlichen

---

[263] Vgl. IDW ER HFA 7, Tz. 20; IDW ERS HFA 7 n.F., Tz. 23; DRS 18, Tz. 39; Lange/ Wolz, BiM 2010, S. 78; Künkele/ Zwirner, DStR 2011b, S. 2309.
[264] Vgl. Feldgen, NWB Steuer- und Wirtschaftsrecht 2010, S. 3624; Lange/ Wolz, BiM 2010, S. 78.
[265] Vgl. Lange/ Wolz, BiM 2010, S. 76; Künkele/ Zwirner, BC 2012, S. 107.
[266] Vgl. Meyer/ Loitz/ Linder/ Zerwas, Latente Steuern, S. 155, Rn. 187.
[267] Vgl. Meyer/ Loitz/ Linder/ Zerwas, Latente Steuern, S. 155, Rn. 187; Betram, in: Haufe Kommentar, § 274 HGB, Rz. 67.
[268] Vgl. Künkele/ Zwirner, BC 2012, S. 107.

Sonderbilanzen der einzelnen Gesellschafter bei der Ermittlung des Gewerbeertrags der Personenhandelsgesellschaft zu berücksichtigen.[269] Allerdings stehen den in einer steuerlichen Sonderbilanz abgebildeten Wirtschaftsgütern und Schulden aufgrund der Nichtbilanzierung in der Handelsbilanz keine Wertansätze gegenüber, sodass sich daraus grundsätzlich eine Differenz ergibt.[270] Nichtsdestotrotz sind diese Differenzen bei der Abgrenzung latenter Steuern auf Ebene der Personenhandelsgesellschaft nicht zu berücksichtigen,[271] da § 274 HGB explizit bei der Ermittlung der relevanten Differenzen „...auf die in der Handelsbilanz angesetzten Vermögensgegenstände, Schulden und Rechnungsabgrenzungsposten [abstellt]."[272] Eine Gegenüberstellung der handelsrechtlichen Wertansätze mit den steuerrechtlichen Wertansätzen gem. § 274 Abs. 1 HGB ist im Fall des Vorliegens einer Sonderbilanz mit eigenständigen Vermögensgegenständen und Schulden aber gerade nicht möglich, da diese in der Handelsbilanz der Personengesellschaft nicht angesetzt werden und dementsprechend keine handelsrechtlichen Wertansätze für ebendiese vorhanden sind.[273] Daher sind etwaige steuerliche Sonderbilanzen bei der latenten Steuerabgrenzung auf Ebene der Personenhandelsgesellschaft nicht zu berücksichtigen.[274]

5.3. Abgrenzung latenter Steuern auf Mitunternehmerebene

5.3.1. Natürliche Personen und Personenhandelsgesellschaften

Für Zwecke der Einkommensbesteuerung wird den an einer Personenhandelsgesellschaft beteiligten Gesellschaftern der auf sie entfallende steuerliche Gewinnanteil im Rahmen einer einheitlichen und gesonderten Feststellung nach § 179 Abs. 2 i. V. m. § 180 Abs. 1

---

[269] Vgl. Voßkul, in: NWB Gewerbesteuergesetz Kommentar 2009, § 6 GewStG, Rn. 2.
[270] Vgl. Künkele/ Zwirner, DStR 2011b, S. 2313.
[271] Vgl. IDW RS HFA 7, Tz. 20; ebenso IDW ERS HFA 7 n.F., Tz. 23; DRS 18, Tz. 39; Künkele/ Zwirner, DStR 2011b, S. 2313; a. A. teilweise Kirsch, DStR 2009, S.1976; Feldgen, NWB Steuer- und Wirtschaftsrecht 2010, S. 3625.
[272] Kastrup/ Middendorf, BB 2010, S. 818.
[273] Vgl. Künkele/ Zwirner, DStR 2011b, S. 2313.
[274] Vgl. IDW RS HFA 7, Tz. 20; DRS 18, Tz. 19

Nr. 2 a) AO ermittelt und unmittelbar zugerechnet.[275] Die auf Grundlage der gesonderten und einheitlichen Gewinnfeststellung zugeteilten gewerblichen Einkünfte unterliegen dann auf Gesellschafterebene der Besteuerung.[276] Voraussetzung für die Berücksichtigung latenter Steuern auf Ebene der Gesellschafter ist, dass die Beteiligung an der Personenhandelsgesellschaft im Betriebsvermögen gehalten wird, da nur insoweit latente Steuerbelastungen oder –entlastungen überhaupt bilanziell erfasst werden können.[277] Wird die Beteiligung unmittelbar von einer natürlichen Person im Privatvermögen gehalten, so wird der ihr zugewiesene Gewinnanteil der Einkommensteuer unterworfen. Mangels bilanzieller Erfassung der Einkommensteuer, kommt allerdings auch keine Berücksichtigung latenter Einkommensteuerbe- oder –entlastungen auf Ebene einer natürlichen Person als Gesellschafter einer Personenhandelsgesellschaft in Betracht.[278] Wird die Beteiligung hingegen im Betriebsvermögen einer weiteren Personenhandelsgesellschaft gehalten, könnte möglicherweise eine Abgrenzung latenter Steuern hinsichtlich der Gewerbesteuer auf Ebene der beteiligten Personenhandelsgesellschaft in Frage kommen, da diese selbst Steuerobjekt der Gewerbesteuer ist.[279] Allerdings kommt die Bilanzierung latenter Gewerbesteuer auf deren Ebene wiederum nur in Betracht, wenn diese zur Anwendung des § 274 HGB verpflichtet ist oder diesen freiwillig anwendet. Des Weiteren ist bei der Ermittlung des Gewerbeertrags auf Ebene der beteiligten Personenhandelsgesellschaft ihrem Gewinn aus Gewerbebetrieb gem. § 8 Nr. 8 GewStG ein Verlustanteil aus der Beteiligung an einer Personenhandelsgesellschaft hinzuzurechnen. Für den Fall, dass ihr ein (anteiliger) Gewinn aus der Beteiligung an einer Personenhandelsgesellschaft zugerechnet worden ist, wird dieser Gewinnanteil gem. § 9 Nr. 2 GewStG bei der Ermittlung des Gewerbeertrags von ihrem Gewinn abgezogen. In Folge dessen können auf Sphäre der beteiligten Personenhandelsgesellschaft keine zukünftigen Gewerbesteuerbe- oder –entlastungen aus dem

---

[275] Vgl. Fülbier/ Mages, KoR 2007, S. 70;
Kühne/ Melcher/ Wesemann, WPg 2009, S. 1058.
[276] Vgl. Fülbier/ Mages, KoR 2007, S. 70f.
[277] Vgl. Kastrup/ Middendorf, BB 2010, S. 818.
[278] Vgl. Lange/ Wolz, BiM 2010, S. 77.
[279] Vgl. Kastrup/ Middendorf, BB 2010, S. 818.

Abbau etwaiger Differenzen zwischen den handelsrechtlichen und steuerrechtlichen Wertansätzen aus der Beteiligung resultieren.[280] Eine Bilanzierung von Steuerlatenzen für die Beteiligung an einer anderen Personenhandelsgesellschaft scheidet aufgrund der gewerbesteuerlichen Hinzurechnungs- bzw. Kürzungsvorschrift somit auf Ebene der beteiligten Personenhandelsgesellschaft aus.[281]

5.3.2. Kapitalgesellschaften

Anders gestaltet sich jedoch die Berücksichtigung latenter Steuern auf Gesellschafterebene, wenn eine Kapitalgesellschaft an einer Personenhandelsgesellschaft beteiligt ist. Hinsichtlich der Gewerbesteuer gelten für diese ebenfalls sowohl die Hinzurechnungsnorm des § 8 Nr. 8 GewStG als auch die Kürzungsnorm des § 9 Nr. 2 GewStG für das ihr zugewiesene Ergebnis aus der Beteiligung an einer Personenhandelsgesellschaft, sodass keine Abgrenzung latenter Gewerbesteuer auf ihrer Ebene bzgl. der Beteiligung möglich ist. Gleichwohl ist eine Kapitalgesellschaft nach § 1 Abs. 1 Nr. 1 KStG Besteuerungssubjekt der Körperschaftsteuer, vorausgesetzt sie hat ihre Geschäftsleitung und/oder ihren Sitz im Inland. Folglich hat diese grundsätzlich eine Abgrenzung latenter Körperschaftsteuer gem. § 274 HGB auf temporäre und quasi-permanente Differenzen, die aus unterschiedlichen handels- und steuerrechtlichen Wertansätzen resultieren, vorzunehmen. Im Hinblick auf eine Beteiligung an einer Personenhandelsgesellschaft weicht die bilanzielle Erfassung der Beteiligung in der Handels- von der in der Steuerbilanz ab. Während die Beteiligung an einer Personenhandelsgesellschaft in der Handelsbilanz einen einheitlichen Vermögensgegenstand darstellt, wird diese aus steuerrechtlicher Sicht nicht als eigenständiges Wirtschaftsgut behandelt, sondern nach der sogenannten Spiegelbildmethode in der Steuerbilanz abgebildet.[282] Dies bedeutet, dass sich der Beteiligungsansatz in der Steuerbilanz des Mitunternehmers aus der Summe der auf ihn entfallenen steuerlichen Kapitalkonten, demnach

---

[280] Vgl. ebenda, S. 818.
[281] Vgl. ebenda, S. 818.
[282] Vgl. Grottel/ Gadek, in: BeBiKo 2012, § 255 HGB, Rz. 141; Wacker, in: Schmidt, § 15 EStG, Rz. 690, m. w. N..

aus dem Anteil am Gesamthandsvermögen einschließlich steuerlicher Ergänzungs- und Sonderbilanzen, zusammensetzt.[283] Demzufolge führt jede Veränderung eines steuerlichen Kapitalkontos auch gleichzeitig zu einer Veränderung des Beteiligungsansatzes in der Steuerbilanz des Gesellschafters, wohingegen der handelsrechtlich aktivierte Beteiligungsbuchwert davon nicht beeinflusst wird, es sei denn, es liegen die Voraussetzungen für eine außerplanmäßige Abschreibung vor. [284] Entstehen auf Ebene der Personenhandelsgesellschaft temporäre Differenzen, so führen diese ebenfalls zu temporären Differenzen zwischen dem handelsrechtlichen Beteiligungsbuchwert und dem steuerlichen Beteiligungsansatz auf Ebene der beteiligten Kapitalgesellschaft, die sich spätestens bei Veräußerung der Beteiligung abbauen und dann bei der Kapitalgesellschaft eine Steuerbe- oder –entlastung auslösen.[285] Auf Ebene der Kapitalgesellschaft hat somit eine Abgrenzung latenter Körperschaftsteuer auf jene zeitlich begrenzten Differenzen zwischen dem handels- und steuerrechtlichen Beteiligungsansatz zu erfolgen.[286] Der für die Berechnung der latenten Steuern auf diese temporären Differenzen maßgebende Steuersatz setzt sich aus dem einheitlichen Körperschaftsteuersatz von 15 % und dem darauf entfallenen Solidaritätszuschlag von 5,5 % zusammen und beträgt insgesamt 15,825 %.[287] Des Weiteren sind auf Ebene der Kapitalgesellschaft bei der Ermittlung der latenten Steuern auch gesellschafterbezogene Sonderbilanzen der Personenhandelsgesellschaft zu berücksichtigen, da die dort ausgewiesenen Wirtschaftsgüter bzw. Vermögensgegenstände auch in der Handelsbilanz der beteiligten Kapitalgesellschaft angesetzt sind.[288] Den handelsrechtlichen Wertansätzen, die außerhalb der Beteiligung in der Handelsbilanz ausgewiesen werden, sind die in der steuerlichen Sonderbilanz abgebildeten Werte gegenüberzustellen,

---

[283] Vgl. Mayer, DB 2003, S. 2035; Künkele/ Zwirner, BC 2012, S. 109.
[284] Vgl. Mayer, DB 2003, S. 2035; Feldgen, NWB Steuer- und Wirtschaftsrecht 2010, S. 3622; Künkele/ Zwirner, BC 2012, S. 109.
[285] Vgl. Kastrup/ Middendorf, BB 2010, S. 819; Lange/ Wolz, BiM 2010, S. 77.
[286] Vgl. Lange/ Wolz, BiM 2010, S.77.
[287] Vgl. Beatge/ Kirsch/ Thiele, Bilanzen, S. 540; Kastrup/ Middendorf, BB 2010, S. 819.
[288] Vgl. Künkele/ Zwirner, DStR 2011b, S. 2313.

wobei diese im steuerlichen Beteiligungsansatz enthalten sind.[289] In der Regel sind darauf aber keine latenten Steuern abzugrenzen, da die durch das Sonderbetriebsvermögen verursachte Wertdifferenz beim Beteiligungsansatz durch korrespondierende Wertdifferenzen bei den gleichen Wirtschaftsgütern ausgeglichen werden.[290]

6. Abschließende Gesamtbeurteilung

Die Abgrenzung latenter Steuern nach § 274 HGB n. F. hat durch den Konzeptionswechsel vom GuV-orientierten Timing-Konzept zum international üblichen bilanzorientierten Temporary-Konzept, sowie der Abschaffung der umgekehrten Maßgeblichkeit, erheblich an Bedeutung gewonnen.[291] Neben Kapitalgesellschaften sind ebenfalls große und mittelgroße haftungsbeschränkte Personenhandelsgesellschaften i. S. d. § 264a HGB und dem Publizitätsgesetz unterliegende Personenhandelsgesellschaften zur Anwendung des § 274 HGB n. F. verpflichtet. Nicht haftungsbeschränkte bzw. typische Personenhandelsgesellschaften hingegen fallen nicht in den pflichtigen Anwendungsbereich des § 274 HGB n. F..[292] Somit ist für diese die aufwendige Ermittlung und Bilanzierung von latenten Steuern grundsätzlich entbehrlich. Entsprechendes gilt für kleine haftungsbeschränkte Personenhandelsgesellschaften i. S. d. § 264a HGB, die nach § 274a Nr. 5 HGB von der Anwendung des § 274 HGB befreit sind. Jedoch haben sowohl nicht haftungsbeschränkte Personenhandelsgesellschaften als auch kleine haftungsbeschränkte Personenhandelsgesellschaften i. S. d. § 264a HGB, wie bereits vor Einführung des BilMoG, die Möglichkeit latente Steuern nach § 274 HGB n. F. freiwillig abzugrenzen,[293] um den Jahresabschluss-

---

[289] Vgl. ebenda, S. 2313.
[290] Vgl. Meyer/ Bornhofen/ Homringhausen, KoR 2005, S. 510; Fülbier/ Mages, KoR 2007, S. 75; Kastrup/ Middendorf, BB 2010, S. 815.
[291] Vgl. Küting/ Seel, in: Bilanzrecht, S. 501.
[292] Vgl. BT-Drucks. 16/12407, S. 84.
[293] Vgl. Adler/ Düring/ Schmaltz, ADS, § 274 HGB, Rn. 7; Kozikowski/ Fischer, in: BeBiKo, § 274 HGB, Rz. 85; Skoluda/ Janitschke, StuB 2011, S. 364.

adressaten eine bessere Darstellung der Vermögens-, Finanz- und Ertragslage vermitteln zu können.

Für Personenhandelsgesellschaften, die entweder zur Abgrenzung latenter Steuern verpflichtet sind oder diese freiwillig abgrenzen, ergeben sich allerdings aufgrund des nach deutschem Steuerrecht bei Personengesellschaften bestehenden Transparenzprinzips besondere Herausforderungen. Während auf Ebene der Personenhandelsgesellschaft unter Beachtung von Wertkorrekturen aus etwaigen Ergänzungsbilanzen lediglich latente Gewerbesteuer abzugrenzen ist, sind auf Ebene einer an der Personenhandelsgesellschaft beteiligten Kapitalgesellschaft sowohl etwaige Ergänzungs- als auch Sonderbilanzen bei der Abgrenzung latenter Körperschaftsteuer zu berücksichtigen.[294]

Das IDW vertritt in seiner Stellungnahme IDW RS HFA 7 die Auffassung, dass sowohl kleine Personenhandelsgesellschaften i. S. d. § 264a Abs. 1 HGB als auch nicht haftungsbeschränkte Personenhandelsgesellschaften, die von der freiwilligen Anwendung des § 274 HGB absehen, gleichwohl Rückstellungen für passive Steuerlatenzen anzusetzen haben, wenn die Tatbestandsvoraussetzungen für den Ansatz einer Verbindlichkeitsrückstellung nach § 249 Abs. 1 S. 1 HGB erfüllt sind. Meines Erachtens erfüllen passive latente Steuern jedoch nicht die Voraussetzungen des § 249 Abs. 1 S. 1 HGB, um den Ansatz einer Verbindlichkeitsrückstellung begründen zu können. In der Regel liegt bei einer passiven Steuerlatenz nicht das Tatbestandmerkmal einer eigenständigen Außenverpflichtung gegenüber dem Fiskus vor. Des Weiteren ist notwendige Voraussetzung für die Bildung einer Rückstellung entweder die rechtliche Entstehung oder wirtschaftliche Verursachung der Verpflichtung zum Abschlussstichtag. Da für eine passive Steuerlatenz aber weder eine Steuerzahlungsverpflichtung mangels Verwirklichung des steuerauslösenden Tatbestands am Bilanzstichtag rechtlich entstanden ist, noch die wirtschaftlich wesentlichen Tatbestandsmerkmale erfüllt werden, kommt die Bildung einer Verbindlichkeits-

---

[294] Vgl. Künkele/ Zwirner, BC 2012, S. 109.

rückstellung für diese nicht in Betracht.[295] Darüber hinaus wurde die Bezugnahme auf § 249 Abs. 1 S. 1 HGB in der Neufassung des § 274 HGB aufgegeben und passive latente Steuern in ihrer Gesamtheit als Sonderposten eigener Art klassifiziert, die in der Bilanz außerhalb der Rückstellungen, unter gesondertem Posten auszuweisen sind.[296]

Vor diesem Hintergrund sollten meines Erachtens die in Tz. 26 des IDW RS HFA 7 enthaltenen Ausführungen bezüglich der Passivierung latenter Steuern bei kleinen Personenhandelsgesellschaften i. S. d. § 264a Abs. 1 HGB und nicht haftungsbeschränkten Personenhandelsgesellschaften, die nicht die Vorschriften des § 274 HGB freiwillig anwenden, noch einmal überdacht werden.

---

[295] Vgl. Vinken/ Seewald/ Korth/ Dehler, BilMoG, S. 261, Rz. 773.
[296] Vgl. BT-Drucks. 16/10067, S. 67.

Anhang 1

Tabelle 1:
Beispiele für den Anwendungsbereich der Abgrenzung latenter Steuern nach § 274 HGB n. F.[297]

Sachverhalt	Handelsbilanz	Steuerbilanz	Latente Steuern
Drohverlustrückstellungen	Passivierungspflicht § 249 Abs. 1. S. 1 HGB	Passivierungsverbot für drohende Verluste aus schw. Geschäften § 5 Abs. 4a S. 1 EStG	Aktive latente Steuern
Selbst geschaffene immaterielle Vermögensgegenstände des Anlagevermögens	Aktivierungswahlrecht § 248 Abs. 2 HGB	Aktivierungsverbot § 5 Abs. 2 EStG	Passive latente Steuern
Abschreibungsmethode	Wahlrecht (linear, leistungsabhängig, degressiv, progressiv) § 253 Abs. 3 HGB	Wahlrecht (linear, leistungsabhängig, degressiv) § 7 Abs. 1, 2 EStG	Je nach Wahl der Abschreibungsverfahren in der HB und StB aktive oder passive latente Steuern
Abweichende Abschreibungsdauer bei geringwertigen beweglichen abnutzbaren Vermögensgegenständen des AV	Kürzere Abschreibungsdauer als 5 Jahre oder vorzeitiger Abgang	Standardisierte Abschreibungsdauer von 5 Jahren § 6 Abs. 2a EStG	Aktive latente Steuern
Abweichende Abschreibungsdauer des Geschäfts- oder Firmenwerts	Planmäßige Abschreibung grds. nicht länger als 5 Jahre; in begründeten Ausnahmefällen darüber hinaus (§ 285 Nr. 13 HGB)	Planmäßige Abschreibung über 15 Jahre § 7 Abs. 1 S. 3 EStG	I.d.R. Aktive latente Steuern

[297] In Anlehnung an: Küting/ Seel, in: Bilanzrecht, S. 513ff.; Kozikowski/ Fischer, in: BeBiKo, § 274 HGB, Rz. 21ff.

Sachverhalt	Handelsbilanz	Steuerbilanz	Latente Steuern
Außerplanmäßige Abschreibung bei Finanzanlagen	Außerplanmäßige Abschreibung auf den beizulegenden Zeitwert auch bei voraussichtlich nicht dauernder Wertminderung möglich § 253 Abs. 3 S. 4 HGB	Außerplanmäßige Abschreibung auf den niedrigeren Teilwert nur bei voraussichtlich dauernder Wertminderung möglich § 6 Abs. 1 Nr. 1 S. 2 EStG	Aktive latente Steuern
Erhöhte steuerliche Absetzungen oder Sonderabschreibungen	Verbot	§§ 7c, 7d, 7h, 7i, 7k EStG; §§ 7g, f EStG	Passive latente Steuern
Sonderposten mit Rücklagenanteil (Reinvestitionsrücklage)	Passivierungsverbot	Passivierungswahlrecht § 6b EStG	Passive latente Steuern
Herstellungskosten für einen selbst geschaffenen Vermögensgegenstand (Kosten allg. Verwaltung, Aufw. für soz. Leistungen/ soz. Einrichtungen/ betriebl. Altersvorsorge)	Aktivierungswahlrecht § 255 Abs. 2 HGB	Aktivierungswahlrecht R 6.3 (4) EStR	Aktive latente Steuern (Aktivierung in der StB aber nicht in der HB); Passive latente Steuern (Aktivierung in der HB aber nicht in der StB)
Verbrauchsfolgeverfahren	Lifo-/Fifo-Methode § 256 HGB	Lifo-Methode § 6 Abs. 1 Nr. 2a EStG, R 6.9 EStG	Je nach Preisentwicklung aktive od. passive latente Steuern
Berücksichtigung von zukünftigen Gehalts- und Rententrends bei der Ermittlung der Pensionsrückstellungen, Abzinsung mit Marktzins	Pflicht § 253 Abs. 1 S. 2, Abs. 2 HGB	Vorgabe § 6a EStG	I.d.R. Aktive latente Steuern
Bewertung von Deckungsvermögen, das dem Gläubigerzugriff entzogen ist und ausschließlich zur Erfüllung von Schulden aus Altersvorsorgeverpflichtungen dient (§ 246 Abs. 2 S. 2 HGB)	Beizulegender Zeitwert § 253 Abs. 1 S. 4 HGB Saldierungsgebot mit den Schulden aus Pensionsverpflichtungen § 246 Abs. 2 S.2	Fortgeführte Anschaffungskosten allgem. Saldierungsverbot § 5 Abs. 1a S. 1 EStG	Passive latente Steuern

Sachverhalt	Handelsbilanz	Steuerbilanz	Latente Steuern
Disagiobeträge	Ansatzwahlrecht § 250 Abs. 3 HGB oder direkte Erfassung als Aufwand	Aktivierungspflicht und planmäßige Abschreibung	Aktive latente Steuern, bei direkter Erfassung als Aufwand in der HB
Aufwandswirksame Zölle/ Verbrauchssteuern bzw. USt auf Anzahlungen	Aktivierungsverbot	Aktivierungspflicht § 5 Abs. 5 S. 2, Nr. 1 und 2 EStG	Aktive latente Steuern
Rückstellungen mit einer Laufzeit > 1 Jahr	Diskontierung mit dem durchschnittlichen Marktzins der letzten 7 Jahre	Zinssatz 5,5 % § 6 Abs. 1 Nr. 3a lit., e	Aktive latente Steuern (Marktzins < 5,5 %) oder passive latente Steuern (Marktzins > 5,5 %)

Anhang 2

Abbildung 1:
Mögliche Bilanzierungsalternativen für latente Steuern[298]

Folgende Annahmen sollen gelten:

Aktive latente Steuern aus temporären Differenzen	100
Passive latente Steuern aus temporären Differenzen	150
Aktive latente Steuern auf steuerliche Verlustvorträge	250
daraus ergibt sich insgesamt ein Aktivüberhang von	200

Aktiva	Bilanzierungsalternative 1	Passiva
Aktive latente Steuern 0		Passive latente Steuern 0

Aktivierungswahlrecht + = kein Ansatz des Aktivüberhangs
Saldierungswahlrecht + = Saldierung der aktiven mit den passiven
                         Steuerlatenzen (Nettoausweis)

Aktiva	Bilanzierungsalternative 2	Passiva
Aktive latente Steuern 150		Passive latente Steuern 150

Aktivierungswahlrecht + = kein Ansatz des Aktivüberhangs
Saldierungswahlrecht - = keine Saldierung der aktiven mit den passiven
                         Steuerlatenzen (Bruttoausweis)

Aktiva	Bilanzierungsalternative 3	Passiva
Aktive latente Steuern 200		Passive latente Steuern 0

Aktivierungswahlrecht – = Ansatz des Aktivüberhangs
Saldierungswahlrecht + = Saldierung der aktiven mit den passiven
                         Steuerlatenzen (Nettoausweis)

Aktiva	Bilanzierungsalternative 4	Passiva
Aktive latente Steuern 350		Passive latente Steuern 150

Aktivierungswahlrecht - = Ansatz des Aktivüberhangs
Saldierungswahlrecht - = keine Saldierung der aktiven mit den passiven
                         Steuerlatenzen (Bruttoausweis)

---

[298] In Anlehnung an: Loitz, DB 2009, S. 918;
     Betram, in: Haufe Kommentar; § 274 HGB, Rz. 45.

Anhang 3

Abbildung 2:
Beispiel für die Darstellung temporärer Differenzen auf Bilanzpostenebene in tabellarischer Form (Anhangangabe)[299]

	Buchwert HB	Buchwert StB	Differenz (€)	Steuersatz (%)
Aktive latente Steuern				
Pensionsrückstellungen (wg. Abzinsung & Trendannahmen)	1.200	930	270	
Drohverlustrückstellung	130	0	130	
Sonstige Rückstellungen (wg. Abzinsung)	820	790	30	
Summe	**2150**	**1720**	**430**	**30**
Passive latente Steuern				
Selbstgeschaffener immaterieller Vermögensgegenstand	100	0	100	
Sachanlagen (z.B. wg. Sonderabschreibung und kürzerer Nutzungsdauer in der StB)	250	100	150	
Summe	**350**	**100**	**250**	**30**
Aktivüberhang aus temporären Differenzen			180	30
Aktive latente Steuern auf steuerliche Verlustvorträge				
Verlustvortrag			100	30
Aktivüberhang insgesamt			280	30

Anmerkung:
Bei Ausübung des Ansatzwahlrechts zum Ansatz des Aktivüberhangs und der Saldierung der aktiven mit den passiven latenten Steuern, würden insgesamt aktive latente Steuern i. H. v. 84 (280 x 30 %) in der Bilanz des Unternehmens ausgewiesen werden.

---

[299] Vgl. Hoffmann/ Lüdenbach, NWB Kommentar, § 274 HGB, Rz. 96;
Hoffmann/ Lüdenbach, NWB Steuer- und Wirtschaftsrecht 2009, S. 1482.

Anhang 4

Tabelle 2:

Beispiele für begründete Ausnahmefälle zur Abweichung vom Stetigkeitsgebot[300]

- Änderung von Gesetzen und Rechtsprechung, insbesondere Steuergesetze
- Anpassung an die Ergebnisse einer steuerlichen Außenprüfung
- Einleitung von Sanierungsmaßnahmen
- Einbeziehung in oder Entlassung aus einem Konzernverbund bzw. Änderung der Konzernzugehörigkeit
- Wesentliche Veränderung in der Gesellschafterstruktur
- Wechsel des Managements mit geänderter Unternehmensstrategie
- Grundlegend andere Einschätzung der Unternehmensentwicklung
- Kapazitäts- und Bestandsveränderungen
- Übergang hin zu oder weg von Bewertungsvereinfachungsverfahren nach § 256 HGB
- Technische Umwälzungen von Relevanz für das Unternehmen
- Wesentliche Änderung des Beschäftigungsgrads
- Wesentliche Änderung der Finanz- und Kapitalstruktur

---

[300] Adler/ Düring/ Schmaltz, ADS, § 252 HGB, Rn. 113;
Coenenberg/ Haller/ Schultze, Jahresabschluss, S. 56;
Hoffmann/ Lüdenbach; NWB Kommentar, § 252 HGB, Rz. 178.

Anhang 5

Abbildung 3:
Pflichtanwendung und freiwillige Anwendung des § 274 HGB bei Personenhandelsgesellschaften (PHG)[301]

	Typische PHG z.B. OHG, KG	Atypische PHG i. S. d. § 264a HGB z.B. GmbH & Co. KG			PHG i. S. d. § 1 PublG i. V. m. § 5 PublG
		groß	mittel	klein	
Anwendung von § 274 HGB	Wahlrecht zur freiwilligen Anwendung	Pflicht	Pflicht	Befreiung gem. § 274a Nr. 5 HGB, aber Wahlrecht zur freiwilligen Anwendung	Pflicht

---

[301] In Anlehnung an: Künkele/ Zwirner, DStR 2011a, S. 2263.

Anhang 6

Abbildung 4:
Beispiel für die Entstehung einer positiven Ergänzungsbilanz und der daraus resultierenden aktiven latenten Steuern[302]

Folgende Annahmen sollen gelten:
An der XY GmbH & Co. KG sind die X GmbH als Komplementärin und der Kommanditist Y zu je 50 % mit jeweils 50.000 € beteiligt.
Die einzigen Vermögensgegenstände der XY GmbH & Co. KG sind ein Grundstück mit einem Buchwert von 50.000 € und ein Gebäude mit ebenfalls einem Buchwert von 50.000 €. Der Kommanditist Y veräußert seinen Mitunternehmeranteil für 100.000 € zum 31.12.01 an den Z. Sowohl bei dem Y als auch bei dem Z handelt es sich um eine natürlich Personen.

Die Steuerbilanz der XY GmbH & Co. KG, die der Handelsbilanz entspricht, sieht zum Veräußerungszeitpunkt wie folgt aus:

Handels- und Steuerbilanz der XY GmbH & Co. KG
zum 31.12.01

Grundstück	50.000 €	Kapitalkonto X GmbH	50.000 €
Gebäude	50.000 €	Kapitalkonto Y	50.000 €

Aufgrund des Erwerbs des Mitunternehmeranteils über dem Buchwert des Kapitalkontos des ausscheidenden Kommanditisten Y werden stille Reserven in Höhe von 50.000 € aufgedeckt. Die stillen Reserven entfallen zu gleichen Teilen auf die beiden Vermögensgegenstände, sodass die positive Ergänzungsbilanz des Z wie folgt aussieht:

Ergänzungsbilanz Z
zum 31.12.01

Mehrwert Grundstück	25.000 €	Mehrkapital Z	50.000 €
Mehrwert Gebäude	25.000 €		

---

[302] In Anlehnung an: Kastrup/ Middendorf, BB 2010, S. 817f.; Künkele/ Zwirner, DStR 2011b, S. 2310f.; Skoluda/ Janitschke, StuB 2011, S. 364f.

In der Handelsbilanz bleiben die Buchwerte der Vermögensgegenstände unverändert. Diesen handelsrechtlichen Buchwerten sind die steuerlichen Wertansätze, die sich aus den Buchwerten lt. Steuerbilanz korrigiert um die Mehrwerte aus der Ergänzungsbilanz des Z zusammensetzten, gem. § 274 Abs. 1 HGB gegenüberzustellen.

Die Ermittlung der latenten Steuern stellt sich unter Annahme eines Gewerbesteuersatzes von 14 % wie folgt dar:

Buchwert Grundstück Handelsbilanz	50.000 €
Buchwert Grundstück Steuerbilanz + Mehrwert Grundstück Ergänzungsbilanz	75.000 €
Quasi-permanente Differenz	25.000 €
Aktive latente Steuer (25.000 € x 14 %)	3.500 €

Buchwert Gebäude Handelsbilanz	50.000 €
Buchwert Gebäude Steuerbilanz + Mehrwert Gebäude Ergänzungsbilanz	75.000 €
Temporäre Differenz	25.000 €
Aktive latente Steuer (25.000 € x 14 %)	3.500 €

Bei Ausübung des Aktivierungswahlrechts gem. § 274 Abs. 1 S. 2 HGB hat die XY GmbH & Co. KG zum 31.12.01 aktive latente Steuern i. H. v. 7.000 € abzugrenzen.

Während die aktiven latenten Steuern aus der temporären Differenz korrespondierend zur Abschreibung des Mehrwerts auf das Gebäude in folgenden Perioden erfolgswirksam aufzulösen sind, werden die aktiven latenten Steuern aus der quasi-permanenten Differenz erst mit Veräußerung des Grundstücks aufgelöst.

Anhang 7

Abbildung 5:
Auswirkungen von Ergänzungsbilanzen auf latente Steuern[303]

Art der Ergänzungsbilanz	Verhältnis der Buchwerte	Art der Steuerlatenz
Positive Ergänzungsbilanz (steuerliches Mehrkapital)	Steuerlicher Wert (Buchwert aus der steuerlichen Gesamthandsbilanz + Mehrwert aus der positiven Ergänzungsbilanz) > handelsrechtlicher Buchwert	Aktive latente Steuern
Negative Ergänzungsbilanz (steuerliches Minderkapital)	Steuerlicher Wert (Buchwert aus der steuerlichen Gesamthandsbilanz – Minderwert aus der negativen Ergänzungsbilanz) < handelsrechtlicher Buchwert	Passive latente Steuern

---

[303] Lange/ Wolz, BiM 2010, S. 78, mit eigenen Ergänzungen.

Literaturverzeichnis

ADLER, Hans/ DÜRING, Walter/ SCHMALTZ, Kurt, (ADS), Rechnungslegung und Prüfung der Unternehmen, bearb. v. Forster, Karl-Heinz u. a., 6. Aufl., Teilband 5, Stuttgart 1997

ARBEITSKREIS BILANZECHT DER HOSCHULLEHRER RECHTSWISSENSCHAFT, (DB 2009), Zur Maßgeblichkeit des Handelsbilanz für die steuerliche Gewinnermittlung gem. § 5 Abs. 1 EStG i. d. F. durch das BilMoG – Stellungnahme zum Entwurf des BMF-Schreibens (BMF vom 12.10.2009 – IV C 6 – S 2133/09/10001), DB 2009, S. 2570 - 2573

BATEGE, Jörg/ KIRSCH, Hans-Jürgen/ THEILE, Stefan, Bilanzen, 11., aktualisierte Aufl., Düsseldorf 2011

BERTRAM, Klaus, § 274 HGB, in:
Betram, Klaus u. a. (Hrsg.), **(Haufe Kommentar)**, Haufe HGB Bilanz Kommentar §§ 238 – 342e HGB, 2. Aufl., Freiburg 2010

BOLLWEG, Achim/ BRINKMANN, Lars, § 5 GewStG, in:
DELOITTE (Hrsg.), **NWB Gewerbesteuergesetz Kommentar**, Herne 2009

BUDDE, Wolfgang-Dieter/ GEIßLER, Horst, in:
Ellrott, Helmut u. a. (Hrsg.), **(BeBiKo 1995)**, Beck´scher Bilanz-Kommentar – Der Jahresabschluss nach Handels- und Steuerrecht, 3. Aufl., München 1995

BUSCHHÜTER, Michael/ STRIEGEL, Andreas (Hrsg.), (Kommentar IFRS), Kommentar – Internationale Rechnungslegung – IFRS, 1. Aufl., Wiesbaden 2011

COENENBERG, Adolf G./ HALLER, Axel/ SCHULTZE, Wolfgang, (Jahresabschluss), Jahresabschluss und Jahresabschlussanalyse – Betriebswirtschaftliche, handelsrechtliche, steuerrechtliche und internationale Grundsätze – HGB, IFRS, US-GAAP, 21., überarb. Aufl., Stuttgart 2009

DÖRFER, Oliver/ ADRIAN, Gerrit, (Ubg 2009), Steuerbilanzpolitik nach BilMoG, Ubg 2009, S. 385 - 460

ELLROTT, Helmut, § 274a HGB, in:
Ellrott, Helmut u. a. (Hrsg.), **(BeBiKo)**, Beck'scher Bilanz-Kommentar – Handels- und Steuerbilanz §§ 238 bis 339, 342 bis 342e HGB mit IFRS-Abweichungen, 8., völlig neubearb. Aufl., München 2012

ERNST, Christoph, (DB Status:Recht 2009), Latente Steuern, Aktivierung von Entwicklungskosten und Fair Value – Zu den letzten Änderungen im parlamentarischen Verfahren, DB Status:Recht 2009, S. 130 – 131

FELDGEN, Rene, (NWB Steuer- und Wirtschaftsrecht 2010), Latente Steuern nach dem BilMoG – Steuerabgrenzung bei Personengesellschaften, NWB Steuer- und Wirtschaftsrecht 2010, S. 3621 - 3630

FÖRSCHLE, Gerhart/ KRONER, Matthias, § 246 HGB, in:
Ellrott, Helmut u. a. (Hrsg.), **(BeBiKo)**, Beck'scher Bilanz-Kommentar – Handels- und Steuerbilanz §§ 238 bis 339, 342 bis 342e HGB mit IFRS-Abweichungen, 8., völlig neubearb. Aufl., München 2012

FÖRSCHLE, Gerhart/ USINGER, Rainer, § 264a HGB, in:
Ellrott, Helmut u. a. (Hrsg.), **(BeBiKo)**, Beck'scher Bilanz-Kommentar – Handels- und Steuerbilanz §§ 238 bis 339, 342 bis 342e HGB mit IFRS-Abweichungen, 8., völlig neubearb. Aufl., München 2012

FÜLBIER, Rolf Uwe/ MAGES, Monika K., (KoR 2007), Überlegungen zur Bilanzierung latenter Steuern bei Personengesellschaften nach IAS 12, KoR 2007, S. 69 - 79

GELHAUSEN, Hans Friedrich/ FEY, Gerd/ KÄMPFER, Georg, (Rechnungslegung), Rechnungslegung und Prüfung nach dem Bilanzrechtsmodernisierungsgesetz, Düsseldorf 2009

GRÄFER, Horst/ SCHELD, Guido A., Grundzüge der Konzernrechnungslegung, 11., völlig neu bearb. Aufl., Berlin 2009

GROTTEL, Bernd/ GADEK, Stephan, § 255 HGB, in:
Ellrott, Helmut u. a. (Hrsg.), **(BeBiKo)**, Beck'scher Bilanz-Kommentar – Handels- und Steuerbilanz §§ 238 bis 339, 342 bis 342e HGB mit IFRS-Abweichungen, 8., völlig neubearb. Aufl., München 2012

HARMS, Jens E./ KÜTING, Karlheinz, (BB 1985), Probleme latenter Steuern im Entwurf des Bilanzrichtlinien-Gesetzes – Eine Stellungnahme zum Beitrag von Siegel, BB 1985, S. 94 – 101

HERZIG, Norbert/ BRIESEMEISTER, Simone, (DB 2009), Steuerliche Konsequenzen des BilMoG – Deregulierung und Maßgeblichkeit, DB 2009, S. 926 - 931

HERZIG, Norbert/ VOSSEL, Stephan, (BB 2009), Paradigmenwechsel bei latenten Steuern nach dem BilMoG, BB 2009, S. 1174 - 1178

HOFFMANN, Wolf-Dieter/ LÜDENBACH, Norbert, (NWB Kommentar), NWB Kommentar Bilanzierung, 2., vollst. überarb. und erw. Aufl., Herne 2011

HOFFMANN, Wolf-Dieter/ LÜDENBACH, Norbert, (NWB Steuer- und Wirtschaftsrecht 2009), Irrungen und Wirrungen in der Steuerlatenzrechnung nach dem BilMoG – Latente Steuern, NWB Steuer- und Wirtschaftsrecht 2009, S. 1476 – 1483

HOPPEN, Christian/ HUSEMANN, Walter/ SCHMIDT, Marc, Das neue HGB-Bilanzrecht – Texte, Erläuterungen, Arbeitshilfen, Materialien, Köln 2009

HORSCHITZ, Harald/ GROß, Walter/ FANCK, Bernfried, (Buchführung), Bilanzsteuerrecht und Buchführung, 11., neu bearb. Aufl., Stuttgart 2007

HOYOS, Martin/ Fischer, Norbert,§ 274 HGB, in: Ellrott, Helmut/ Förschle, Gerhart u. a. (Hrsg.), **(BeBiKo 2006)**, Beck'scher Bilanz-Kommentar – Handels- und Steuerbilanz §§ 238 bis 339, 342 bis 342e HGB mit EGHGB und IAS/IFRS-Abweichungen, 6., völlig neubearb. Aufl., München 2006

HUKEN, Johannes, § 2 GewStG, in: DELOITTE (Hrsg.), **NWB Gewerbesteuergesetz Kommentar**, Herne 2009

IDW (Hrsg.), WP Handbuch 2006 – Wirtschaftsprüfung, Rechnungslegung, Beratung – Band 1, bearb. v. Geib, Gerd u. a., 13. Aufl. seit 1945, Düsseldorf 2006

KASTRUP, Benedikt/ MIDDENDORF, Oliver, (BB 2010), Latente Steuern bei Personengesellschaften im handelsrechtlichen Jahresabschluss nach BilMoG, BB 2010, S. 815 – 820

KESSLER, Harald/ LEINEN, Markus/ PAULUS, Benjamin, (KoR 2009), Das BilMoG und die latenten Steuern (Teil 1), KoR 2009, S. 716 - 728

KIRSCH, Hanno, (DStZ 2003), Latente Ertragsteuern im Jahresabschluss deutscher Personengesellschaften nach IAS 12 und DRS 10, DStZ 2003, S. 331 – 337

KIRSCH, Hanno, (DStR 2009), Ertragsteueraufwand bei Personenhandelsgesellschaften nach dem Bilanzrechtsmodernisierungsgesetz, DStR 2009, S. 1972 – 1978

KNOBBE-KEUK, Brigitte, Bilanz- und Unternehmenssteuerrecht, 9., völlig überarb. und erw. Aufl., Köln 1993

KOZIKOWSKI, Michael/ FISCHER, Norbert, § 274 HGB, in: Ellrott, Helmut u. a. (Hrsg.), **(BeBiKo)**, Beck´scher Bilanz-Kommentar – Handels- und Steuerbilanz §§ 238 bis 339, 342 bis 342e HGB mit IFRS-Abweichungen, 8., völlig neubearb. Aufl., München 2012

KOZIKOWSKI, Michael/ SCHUBERT, Wolfgang, § 249 HGB, in: Ellrott, Helmut u. a. (Hrsg.), **(BeBiKo)**, Beck´scher Bilanz-Kommentar – Handels- und Steuerbilanz §§ 238 bis 339, 342 bis 342e HGB mit IFRS-Abweichungen, 8., völlig neubearb. Aufl., München 2012

KÜHNE, Erhard/ MELCHER, Winfried/ WESEMANN, Michael, (WPg 2009), Latente Steuern nach BilMoG – Grundlagen und Zweifelsfragen (Teil 1), WPg 2009, S. 1005 – 1014

KÜHNE, Erhard/ MELCHER, Winfried/ WESEMANN, Michael, (WPg 2009), Latente Steuern nach BilMoG – Grundlagen und Zweifelsfragen (Teil 2), WPg 2009, S. 1057 – 1065

KÜNKELE, Kai Peter/ ZWIRNER, Christian, (DStR 2011a), Latente Steuern bei Personengesellschaften – Anmerkungen zur Ermittlung und zur Erstanwendung der neuen Regelungen, DStR 2011, S. 2263 – 2266

KÜNKELE, Kai Peter/ ZWIRNER, Christian, (DStR 2011b), Latente Steuern bei Personengesellschaften – Praxisbeispiele und Anwendungshinweise bei Ergänzungsbilanzen und Sonderbilanzen, DStR 2011, S. 2309 – 2314

KÜNKELE, Kai Peter/ ZWIRNER, Christian, (BC 2012), Latente Steuern bei Personengesellschaften: Sonder- und Ergänzungsbilanzen, BC 2012, S. 106 – 111

KUPSCH, Peter/ EDER, Dieter, (WPg 1988), Anmerkungen zu Grundsatzfragen der Steuerabgrenzung, WPg 1988, S. 521 – 528

KÜTING, Karlheinz/ GATTUNG, Andreas, (StuB 2005), Abgrenzung latenter Steuern auf timing und temporary differences – Grundlagen der Abgrenzung bilanzierungs- oder bewertungsbedingter Differenzen nach HGB sowie DRS 10 und IAS 12, StuB 2005, S. 241 – 248

KÜTING, Karlheinz/ SEEL, Christopher, in:
Küting, Karlheinz/ Pfitzer, Norbert/ Weber, Claus-Peter, **(Bilanzrecht)**, Das neue deutsche Bilanzrecht – Handbuch zur Anwendung des Bilanzrechtsmodernisierungsgesetzes (BilMoG), 2., aktualisierte Aufl., Stuttgart 2009

KÜTING, Karlheinz/ WEBER, Claus-Peter, Der Konzernabschluss – Praxis der Konzernrechnungslegung nach HGB und IFRS, 12., völlig neu bearb. Aufl., Stuttgart 2010

LANGE, Benno/ WOLZ, Christian, (BiM 2010), Latente Steuern bei Personengesellschaften – Offene Fragen und Lösungsansätze nach BilMoG, BiM 2010, S. 76 – 79

LOITZ, Rüdiger, (DB 2008), Latente Steuern nach dem Bilanzrechtsmodernisierungsgesetz (BilMoG) – Nachbesserung als Verbesserung?, DB 2008, S. 1389 – 1395

LOITZ, Rüdiger, (DB 2009), Latente Steuern nach dem Bilanzrechtsmodernisierungsgesetz (BilMoG) – ein Wahlrecht als Mogelpackung?, DB 2009, S. 913 – 921

LÜDENBACH, Norbert, (BC 2011), Steuerlatenzrechnung für Personengesellschaften und kleine Kapitalgesellschaften?, BC 2011, S. 159 – 161

LÜDENBACH, Norbert/ FREIBERG, Jens, (BB 2011), Steuerlatenzrechnung auch für Personengesell-schaften? – Diskussion des IDW ERS HFA 7 n.F., BB 2011, S. 1579 – 1584

MAYER, Lars, (DB 2003), Steuerbilanzielle Behandlung von Mehrwerten bei Erwerb einer Beteiligung an einer doppelstöckigen Personengesellschaft – Anwendung der Spiegelbildmethode in der Steuerbilanz, DB 2003, S. 2034 – 2040

MAYER-WEGELIN, Eberhard, § 249 Rückstellungen, in: Küting, Karlheinz/ Weber, Claus-Peter (Hrsg.), **(HdR 1995)**, Handbuch der Rechnungslegung – Kommentar zur Bilanzierung und Prüfung, 4., grundlegend überarb. und wesentl. erw. Aufl., Band Ia, Stuttgart 1995

MELCHER, Winfried/ MÖLLER, Florian, (KoR 2011), Ebenen der Gesamtdifferenzenbetrachtung im Rahmen der Bilanzierung latenter Steuern – Unterschiede zwischen den handelsrechtlichen und den internationalen Regelungen: Theoretische Fundierung und Fallbeispiel, KoR 2011, S. 548 – 557

MEYER, Marco/ LOITZ, Rüdiger/ LINDER, Robert/ ZERWAS, Peter, (Latente Steuern), Latente Steuern – Bewertung, Bilanzierung, Beratung, 2. Aufl., Wiesbaden 2010

MOXTER, Adolf, Bilanzrechtsprechung, 5., erg. Aufl., Tübingen 1999

MÜLLER, Ingo, (DStR 2011), Rückstellungen für passive Steuerlatenzen gemäß § 249 Abs. 1 Satz 1 HGB, DStR 2011, S. 1046 – 1050

MÜLLER, Stefan/ KREIPEL, Markus, (DB 2011), Passive latente Steuern und kleine Kapitalgesellschaften – Wie weit reicht die Erleichterungsvorschrift des § 274a Nr. 5 HGB?, DB 2011, S. 1701 – 1706

NIEHUS, Ulrich/ WILKE, Helmuth, (Besteuerung PersG), Die Besteuerung von Personengesellschaften, 5. Aufl., Stuttgart 2010

PETERSEN, Karl, (WPg 2011), Anwendungsfragen der Steuerabgrenzung im Jahresabschluss, WPg 2011, S. 255 – 263

PETERSEN, Karl/ ZWIRNER, Christian, (StuB 2009), Latente Steuern nach dem BilMoG – Darstellung und Würdigung der Neukonzeption, StuB 2009, S. 416 – 423

PÖLLER, Ralf, (BC 2011), Sonderprobleme und Umsetzung der Neuregelungen zur Bilanzierung latenter Steuern nach BilMoG, BC 2011, S. 10 – 17

PRINZ, Ulrich, (DB 2010), Materielle Maßgeblichkeit handelsrechtlicher GoB – ein Konzept für die Zukunft im Steuerbilanzrecht?, DB 2010, S. 2069 – 2076

RUBERG, Lars, (Ubg 2011), Passivierung latenter Steuern außerhalb des Anwendungsbereichs des § 274 HGB? – Anmerkung zu IDW ERS HFA 7 n.F., Ubg 2011, S. 626 – 633

SCHENKE, Ralf P./ RISSE, Markus, (DB 2009), Das Maßgeblichkeitsprinzip nach dem Bilanzrechtsmodernisierungsgesetz, DB 2009, S. 1957 – 1959

SKOLUDA, Stefanie/ JANITSCHKE, Michael, (StuB 2011), Was bringt der Entwurf einer Neufassung des IDW RS HFA 7? – Neuerung in der handelsrechtlichen Rechnungslegung bei Personenhandelsgesellschaften, StuB 2011, S. 363 – 369

SONDERAUSSCHUSS BILANZRICHTLINIEN-GESETZ (SABI), (WPg 1988), Stellungnahme SABI 3/1998: Zur Steuerabgrenzung im Einzelabschluß, WPg 1998, S. 683 – 684

THEILE, Carsten, (BBK 2008), Der Dornröschenschlaf ist vorbei: Latente Steuern im HGB-Abschluss nach BilMoG, BBK 2008, S. 851 – 864

THEILE, Carsten/ HARTMANN, Angelika, (DStR 2008), BilMoG: Zur Unmaßgeblichkeit der Handels- für die Steuerbilanz, DStR 2008 S. 2031 – 2035

THIEL, Jochen/ LÜDTKE-HANDJERY, Alexander, Bilanzrecht, Handelsbilanz, Steuerbilanz, 5., völlig neu bearb. Aufl., Heidelberg 2005

VINKEN, Horst u. a., in:
BStBK und DStV (Hersg.), **(BilMoG)**, BilMoG - Bilanzrechtsmodernisierungsgesetz – Praxiskommentar für Steuerberater, 2., neu bearb. und wesentl. erw. Aufl., Berlin 2011

VOßKUHL, Stefan, § 6 GewStG, in:
DELOITTE (Hrsg.), **NWB Gewerbesteuergesetz Kommentar**, Herne 2009

WACKER, Roland, § 15 EStG, in:
DRENSECK, Walter (Hrsg.), **(Schmidt)**, Ludwig Schmidt – Einkommensteuergesetz – Kommentar, 29., völlig neubearb. Aufl., München 2010

WEBER-GRELLET, Heinrich, Bilanzsteuerrecht, 11., neu bearb. Aufl., Münster 2011

WEBER-GRELLET, Heinrich, § 5 EStG, in:
DRENSECK, Walter (Hrsg.), **(Schmidt)**, Ludwig Schmidt – Einkommensteuergesetz – Kommentar, 29., völlig neubearb. Aufl., München 2010

WELLER, Niels, § 264a HGB, in:
Betram, Klaus u. a. (Hrsg.), **(Haufe Kommentar)**, Haufe HGB Bilanz Kommentar §§ 238 – 342e HGB, 2. Aufl., Freiburg 2010

WENDHOLT, Wolfgang/ WESEMANN, Michael, (DB 2009), Zur Umsetzung der HGB-Modernisierung durch das BilMoG: Bilanzierung von latenten Steuern im Einzel- und Konzernabschluss, DB 2009, Beilage Nr. 05, S. 64 – 76

WIMMER, Konrad/ TOMANI, Hans, (Betriebswirtschaftliche Blätter 2011), Neue Fragen und Probleme – Konsequenzen des BilMoG für die Praxis der Bilanzanalyse, Nr. 2, S. 691

WINDBICHLER, Christine, Gesellschaftsrecht, 22., völlig neu bearb. Aufl., München 2009

WOERNER, Lothar, (BB 1994), Kriterien zur Bestimmung des Passivierungszeitpunkts bei Verbindlichkeitsrückstellungen – Neue Impulse der BFH-Rechtssprechung?, BB 1994, S. 246 – 247

WOLZ, Christian, (DB 2010), Latente Steuern nach BilMoG: Analyse der konzeptionellen Neuregelung im Einzel- und Konzernabschluss, DB 2010, S. 2625 – 2633

Rechtsquellenverzeichnis

Gesetze

Abgabenordnung (AO):
in der Fassung der Bekanntmachung vom 1. Oktober 2002 (BGBl. I S. 3869, ber. 2003 I S. 61), zuletzt geändert durch Artikel 9 des Gesetzes vom 8. Dezember 2012 (BGBl. I S. 1768).

Gesetz zur Modernisierung des Bilanzrechts (Bilanzrechtsmodernisierungsgesetz – BilMoG):
vom 25. Mai 2009, BGBl. I 2009, S. 1102 – 1137.

Bürgerliches Gesetzbuch (BGB):
in der Fassung der Bekanntmachung vom 2. Januar 2002 (BGBl. I S. 42, ber. S. 2909, I 2003 S. 738), zuletzt geändert durch Artikel 1 des Gesetztes vom 28. September 2009 (BGBl. I S. 3161).

Einkommensteuergesetz (EStG):
in der Fassung der Bekanntmachung vom 8. Oktober 2010 (BGBl. I S. 3369, ber. S. 3862), zuletzt geändert durch Artikel 8 des Gesetzes vom 9. Dezember 2010 (BGBl. I S. 1900).

Einkommensteuergesetz alte Fassung (EStG a.F.):
in der Fassung der Bekanntmachung vom 19. Oktober 2002 (BGBl. I S. 4212, ber. 2003 I S. 179), zuletzt geändert durch Artikel 1 des Gesetzes vom 7. März 2009 (BGBl. I, S. 459).

Gewerbesteuergesetz (GewStG):
in der Fassung der Bekanntmachung vom 15. Oktober 2002 (BGBl. I S. 4168), zuletzt geändert durch Artikel 3 des Gesetztes vom 8. Dezember 2010 (BGBl. I S. 1768).

Handelsgesetzbuch (HGB n. F.):
in der im Bundesgesetzblatt Teil III, Gliederungsnummer 4100-1, veröffentlichten bereinigten Fassung, zuletzt geändert durch Artikel 6a des Gesetztes vom 31. Juli 2009 (BGBl. I S. 2512).

Handelsgesetzbuch alte Fassung (HGB a. F.):
vom 10. Mai 1897 (RGBl. S. 219), zuletzt geändert durch Artikel 3 des Gesetztes vom 23. Oktober 2008 (BGBl. S 2026)

Körperschaftsteuergesetz (KStG):
in der Fassung der Bekanntmachung vom 15. Oktober 2002 (BGBl. I S. 4145), zuletzt geändert durch Artikel 2 des Gesetzes vom 8. Dezember 2010 (BGBl. I S. 1768).

Publizitätsgesetz (PublG):
in der Fassung der Bekanntmachung vom 15. August 1969 (BGBl. I S. 1189, ber. 1970 I S. 1113), zuletzt geändert durch Artikel 4 des Gesetzes vom 25. Mai 2009 (BGBl. I S. 1102).

Solidaritätszuschlaggesetz (SolZG):
in der Fassung der Bekanntmachung vom 15. Oktober 2010 (BGBl. I S. 4131), zuletzt geändert durch Artikel 31 des Gesetzes vom 8. Dezember 2010 (BGBl. I S. 1768).

Rechtsprechung

Bundesfinanzhof (BFH)

BFH-Urteil vom 01.08.1984, Az. I R 88/80, BStBl. II 1985, S. 44 – 47

BFH-Urteil vom 25.08.1989, Az. III R 95/87, BStBl. II 1989, S. 893 – 896

BFH-Urteil vom 19.10.1993, Az. VIII R 14/92, BStBl. II 1993, S. 891 – 894

Deutsche Rechnungslegungs Standards

Deutscher Rechnungslegungs Standard Nr. 18, (DRS 18), Latente Steuern:
Verabschiedung durch den Deutschen Standardisierungsrat (DSR) am 08. Juni 2010. Bekanntmachung der deutschsprachigen Fassung gem. § 342 Abs. 2 HGB durch das Bundesministerium der Justiz am 03. September 2010.

IDW Stellungnahmen zur Rechnungslegung (Verlautbarungen)

IDW, (IDW RS HFA 7), Neufassung der IDW Stellungnahme zur Rechnungslegung: Handelsrechtliche Rechnungslegung bei Personenhandelsgesellschaften (IDW RS HFA 7), FN-IDW 3/2012, S. 189 – 200
(Stand: 06.02.2012)

IDW, (IDW ERS HFA 7 n. F.), Entwurf einer Neufassung der IDW Stellungnahme zur Rechnungslegung: Handelsrechtliche Rechnungslegung bei Personenhandelsgesellschaften (IDW ERS HFA 7 n.F.), FN-IDW 5/2011, S. 308ff.

IDW, (IDW ERS HFA 27), Entwurf der IDW Stellungnahme zur Rechnungslegung: Einzelfragen zur Bilanzierung latenter Steuern nach den Vorschriften des HGB in der Fassung des Bilanzrechtsmodernisierungsgesetzes (IDW ERS HFA 27), FN-IDW 2009, S. 337ff.
(aufgehoben am 09.09.2010)

International Accounting Standards

IAS 12:
International Accounting Standard 12, Income Taxes, in: IFRS, International Financial Reporting Standards 2011 as issued at 1 January 2011, Part A, London 2011, S. 483 – 521

Internetquellenverzeichnis

Bundesministerium der Finanzen

BMF-Schreiben vom 12.3.2010 IV C 6 – S 2133/09/10001, Maßgeblichkeit der handelsrechtlichen Grundsätze ordnungsmäßiger Buchführung für die steuerliche Gewinnermittlung; Änderung des § 5 Absatz 1 EStG zur Modernisierung des Bilanzrechts (Bilanzrechtsmodernisierungsgesetz – BilMoG) vom 15. Mai 2009 (BGBl. I S. 1102, BStBl. I S. 650), BMF Dok-Nr. 2010/0188935
URL:
http://www.bundesfinanzministerium.de/nn_302/DE/BMF__Startseite/Aktuelles/BMF__Schreiben/Veroffentlichungen__zu__Steuerarten/einkommensteuer/235__a__Bilanzrechtsmodernisierungsgesetz,templateId=raw,property=publicationFile.pdf,
abgerufen am 15.04.2012

Deutscher Bundesrat

Deutscher Bundesrat Drucksache 344/08, (BR-Drucks. 344/08), Stellungnahme des Bundesrates – Entwurf eines Gesetzes zur Modernisierung des Bilanzrechts (Bilanzrechtsmordernisierungsgesetz – BilMoG) vom 04.07.2008
URL:
http://www.bundesrat.de/cln_090/SharedDocs/Drucksachen/2008/0301-400/344-08_28B_29,templateId=raw,property=publicationFile.pdf/344-08%28B%29.pdf,
abgerufen am 15.04.2012

Deutscher Bundestag

Deutscher Bundestag Drucksache 16/10067, (BT-Drucks. 16/10067), Gesetzentwurf der Bundesregierung – Entwurf eines Gesetzes zur Modernisierung des Bilanzrechts (Bilanzrechtsmordernisierungsgesetz – BilMoG) vom 30.07.2008
URL: http://dip21.bundestag.de/dip21/btd/16/100/1610067.pdf,
abgerufen am 15.04.2012

Deutscher Bundestag Drucksache 16/12407, (BT-Drucks. 16/12407), Beschlussempfehlung und Bericht des Rechtsausschusses (6. Ausschuss) zu dem Gesetzentwurf der Bundesregierung – Drucksache 16/10067 – Entwurf eines Gesetzes zur Modernisierung des Bilanzrechts (Bilanzrechtsmodernisierungsgesetz – BilMoG) vom 24.03.2009
URL: http://dip21.bundestag.de/dip21/btd/16/124/1612407.pdf,
abgerufen am 15.04.2012

Deutscher Bundestag Drucksache 14/1806, (BT-Drucks. 14/1806), Gesetzentwurf der Bundesregierung – Entwurf eines Gesetzes zur Durchführung der Richtlinie des Rates der Europäischen Union zur Änderung der Bilanz- und der Konzernbilanzrichtlinie hinsichtlich ihres Anwendungsbereichs (90/605/EWG), zur Verbesserung der Offenlegung von Jahresabschlüssen und zur Änderung anderer handelsrechtlicher Bestimmungen (Kapitalgesellschaften- und Co-Richtlinie-Gesetz – KapCoRiLiG) vom 15.10.1999
URL: http://dipbt.bundestag.de/doc/btd/14/018/1401806.pdf,
abgerufen am 16.04.2012

Institut der Wirtschaftsprüfer (IDW)

Bundesteuerberaterkammer, (BStBK),
Stellungnahme zum IDW ERS HFA 7 n.F., Berlin 30.09.2011, S. 1 – 6
Autoren: Abt. Steuerrecht der BStBK
URL: http://www.idw.de/idw/portal/d595988/index.jsp,
abgerufen am 15.04.2012

Deutscher Steuerberaterverband e.V., (DStV),
Stellungnahme zum IDW ERS HFA 7 n.F., Berlin 18.07.2011, S. 1 – 4
Autoren: SEEWALD, Hans-Christoph/ FORTENBACHER, Mathias
URL: http://www.idw.de/idw/portal/d595988/index.jsp,
abgerufen am 15.04.2012

EGGERT, Wolfgang,
Stellungnahme zum IDW ERS HFA 7 n.F., Forchheim 12.08.2011, S. 1 – 12
Latente Steuern nach dem BilMoG – bei allen Kaufleuten?
URL: http://www.idw.de/idw/portal/d595988/index.jsp,
abgerufen am 15.04.2012
Diese Stellungnahme ist nahezu inhaltsgleich als Artikel in der Zeitschrift Stbg 7/2011, S. 318 ff. veröffentlicht worden.

Sitzungsbericht des IDW von der 221. HFA-Sitzung am 09.09.2010,
Aufhebung des IDW ERS HFA 27 zur Bilanzierung latenter Steuern
URL: http://www.idw.de/idw/portal/d601774,
abgerufen am 15.04.2012

Wirtschaftsprüferkammer

Referentenentwurf eines Gesetzes zur Modernisierung des Bilanzrechts (Bilanzrechtsmodernisierungsgesetz – BilMoG), veröffentlicht am 08.11. 2007 vom BMJ
URL: http://www.wpk.de/pdf/BMJ_Referentenentwurf_BilMoG.pdf,
abgerufen am 15.04.2012

Autorenprofil

Luzian Hell entschloss sich nach seiner Berufsausbildung als Steuerfachangestellter in einer mittelständischen Steuerberatungskanzlei im Rheingau, seine fachlichen Qualifikationen vor allem im steuer-, handels- als auch im gesellschaftsrechtlichen Bereich durch ein Studium weiter zu vertiefen und auszubauen.

Im Sommer 2012 schloss der Autor das Studium in 'Accounting and Taxation' mit dem Bachelor of Laws an der Hochschule Rhein Main in Wiesbaden erfolgreich ab. Auch während des Studiums sammelte der Autor weitere umfassende praktische Erfahrungen bei einer Steuerberatungsgesellschaft und innerhalb des berufspraktischen Semesters im Bereich der Wirtschaftsprüfung. Im Anschluss an sein Studium nahm er erneut eine Anstellung bei seinem ehemaligen Ausbildungsbetrieb auf, einer Steuerberatungsgesellschaft mbH in Eltville am Rhein, wo nach dem erfolgreichen Bestehen des Steuerberater-Examens der Einstieg in die Kanzlei geplant ist.